JN021704

あわせて学ぶ

Environment Social Governance

ESG
×
リスクマネジメント

RISKMANAGEMENT

公認会計士
木村研悟
KENGO KIMURA

CROSSMEDIA PUBLISHING

はじめに

　現代の社会・経済は、非常に激しい変化の渦中にあります。コロナ禍で生まれた新しい生活様式、ロシアによるウクライナ侵攻をはじめとする地政学リスクの高まり、ChatGPTなどAIのめまぐるしい発展といったように、ここ数年だけを振り返っても実にさまざまな変化が起こりました。こうした時代において企業が競争力を維持・向上させるためには、"バックキャスティング"の視点で、中長期的な未来を見据えながら先手を打って行動する力が求められています。

　こうしたなかで取り組まれているのが、本書のテーマであるESG（**図表0-1**）です。「Environment（環境）」「Social（社会）」「Governance（ガバナンス）」の頭文字を取ったこのESGという言葉自体は、企業の中長期的成長のために不可欠な要素であるとして、すでに一定の認知度があります。しかしながらビジネスの現場では、金融業界や投資家、経営者が取り組むこととして認識され、ESGに取り組む部門や業務の仕組みが社内にあったとしても、何が本当に求められているのかについて理解されていないように見受けられます。

　そこで本書では、人事部や総務部、財務部、法務部などの企業のコーポレート部門の担当者であればぜひ知っておくべき「ESGの必要性」と、そのリスクマネジメントについてわかりやすく解説していきます。

図表0-1：環境・社会・ガバナンスの要因の例

環境	・気象変動 ・資源の枯渇 ・廃棄物 ・汚染 ・森林減少
社会	・人権 ・現代奴隷制 ・児童労働 ・労働条件 ・従業員関係（エンプロイー・リレーションズ）
ガバナンス	・賄賂および腐敗 ・役員報酬 ・取締役会／理事会の多様性および構成 ・ロビー活動および政治献金 ・税務戦略

出所：責任投資原則（PRI）

ESGへの不十分な理解がもたらす影響

　近年は、株主や投資家、顧客、従業員、取引先、地域社会、政府、NGOなどのステークホルダーとのコミュニケーションの重要性がますます高まり、自社の取り組みを積極的に発信することが求められるようになりました。これはコーポレート部門で働く方々であれば感じている方も多いことと思います。

　たとえば、「自社のホームページに、ESG やサステナビリティの取り組みについての情報を提供してください」といった依頼をされるなど、本書をお読みの皆さんのなかにも、ESG やサステナビリティの取り組みについて情報提供協力を受けているかもしれません。

また、ESG格付機関の評価を受けるための対応をした経験をお持ちの方がいるかもしれません。

ESGとは、次に示すように多くの部門が関わることです。各人がその本質についての理解に乏しいままであれば、ステークホルダーから求められることに対する認識の齟齬が生まれる可能性はおおいにあります。

> ・環境　　　：総務、事業・商品企画、購買
> ・社会（人権）：人事、購買
> ・ガバナンス　：法務、財務、総務、内部監査

ESGに対応できる社内体制が不十分な状態では、無駄な取り組みや作業が増え、生産性低下につながるだけでなく、ESGウォッシング問題に発展する恐れもあります。

「ESGウォッシング」とは、環境や社会によい影響を与えているかのように見せかける行為であり、この「実態を伴わない表面上だけのESG要素への取り組み」は近年ますます問題視され、投資家目線では「インパクトウォッシング」といわれたりもします。

このESGウォッシングまたはインパクトウォッシングは、適切な開示が求められる国や地域では、規制や外部監査（保証）によって問題が発覚することもあります。ESG開示に関する要求事項を理解しないままESG開示を行った結果、ウォッシングとみなされ、ステークホルダーの信頼を損なうという事態に陥る可能性もあるでしょう。

また、ESGへの取り組みは、競合他社との差別化の主たる要素にもなっています。たとえば、脱炭素などの環境対応、ジェンダー

フリーなどの人権サービスなど事業部門が中心となって取組むこともあります。事業部門とコーポレート部門が協力し全社的な取り組みを加速することがますます求められるでしょう。

*

こうした変化が訪れているにもかかわらず、コーポレート部門担当者のなかには、「自分は日々、言われた通りの業務をこなせばいい」「こうした大きな問題は経営マターだから、自分が深く考える必要はない」「他からクレームが来ていないから大丈夫」などといったように、ESGを他人事のように感じている人が少なからずいると感じます。

これまでは、そうした考え方でも問題はなかったかもしれません。しかし、いまや世の中の「物差し」は大きく変わりました。従来と同じ意識のままであれば致命的な問題に発展しかねず、特に企業の経営基盤を支えるコーポレート部門の担当者こそ、本書をきっかけにESGに対する意識を変えていただきたいと考えています。

ESGの本質を理解すべきときは、今

ESGに関する情報は、インターネットや書籍でも多く発信されていますが、概念的な説明や一企業の事例、執筆者の主観に基づいた見解や展望もあり、結局のところESGとは何なのか、そして企業のコーポレート部門は何をすべきかが体系的にまとめられているコンテンツが少ない、というのが私の印象です。実際、「ESGという言葉は知っているが、自分あるいは自社として、具体的に何をす

ればいいのかはわからない」という人が大半ではないでしょうか。

　私は10年以上、内部統制・リスクマネジメント業務に関与していますが、この期間だけを振り返っても、企業に求められるものは大きく変わりました。内部統制システムに基づく「内部」向け業務から、「外部」向けのコミュニケーション業務に変わっています。企業の環境・社会・コーポレートガバナンスに与えるインパクトを評価してスコア化したESG格付評価が広く利用されるようになってからはなおさらではないでしょうか。

本書の構成と特色について

　ESGに関する実態と、日本企業のコーポレート部門がもつ認識のギャップを埋めたい、そうした思いから本書の出版を決めました。

　本書では、次の2部構成を主軸として、ESGの本質とリスクマネジメントについて解説していきます。

*

第1部　ESGとは何か──基本編

　第1部では、ESGの誕生の経緯、ESGが注目される背景、ESGの基準とガイドラインなどをデータやエビデンスに基づいて紹介します。本章をお読みいただければ、ESGがどのような社会的背景から誕生したのか、なぜ自分がESG関連の業務に携わっているのか、ESGは何のために必要なのかが、きっと腑に落ちて理解いただけることと思います。

第2部　ESGリスクマネジメント──サステナビリティ文脈と ステークホルダー対話を考える

　第2部では、コーポレート部門各部署の担当者が、自社のサステナビリティ文脈を理解したうえで、どのようなことに注意し、どのような対応をすべきなのかという実践的な内容をまとめています。セクター／業種別の解説がありますが、自社に関係する部分だけ読んでいただいても構いませんが、他のセクター／業種別との比較からの自らのセクター／業種をより深く理解できるため、一読されることをお勧めします。

　なお、本書ではESGのうちしばしば重きを置かれる「環境（E）」よりも、「社会（S）」と「ガバナンス（G）」に重きを置いて解説しています。具体的には、ESG関連のリスクと特に関係するセクター・業種をまとめた**図表0-2**のうち、社会とガバナンスに絞り、リスクの具体的内容や特に理解してほしい対策を紹介します。

＊

　いずれの内容も、ESGについて知識がない方でも読み進めていただけるよう、わかりやすく解説したつもりですが、本書では、ESGの必要性を過度に煽ることはしていません。あくまで既存のデータや調査結果などをもとに客観性・中立性にこだわって執筆することを心がけています。

　本書をお読みの皆さんには、自社が発展していくためにこの変化という機会を前向きに捉え、ESGの本質とリスクマネジメントを理解する一助として本書をぜひ活用いただければと思います。

図表0-2：ESG関連のリスクと関係する業種／セクター

ESG		リスクマネジメント
E/S/G	内容（例示）	ESG関連のリスク

E/S/G	内容（例示）	ESG関連のリスク
E	気候変動の適用・緩和	廃棄物
	資源の枯渇	
	資源利用と循環型経済	水資源
	森林・水資源	環境
	生物多様性	
S	人権尊重	労働
	現代奴隷制	
	児童労働	
	労働条件	
		プライバシー
	従業員関係	
	顧客関係	
G	贈賄および腐敗	贈収賄・汚職
	役員報酬	競争法的行為
	取締役会の多様性	
	ロビー活動および政治献金	セキュリティ
	税務戦略	
	リスク管理・内部統制	品質
		マーケティング

PRI、CSRD	ERM COSO

	マテリアリティが高いセクター／業種
流出事故の件数、集計量、回収量	電気電子機器、航空宇宙・防衛
有害廃棄物の発生量、リサイクル率	半導体、電気部品受託、建設資材、鉄鋼、化学
水質に関する許認可・基準・規制の不適合災害件数	金属・鉱業、化学、包容・容器、食料加工、石炭、バイオ燃料
プロジェクトにおける環境許認可、基準および規制違反件数	エンジニアリング・建設
労働法違反、雇用差別に関連する訴訟等による損失	小売、卸売、ホテル・宿泊、航空貨物・物流
ストライキやロックアウトの回数および期間	金属・鉱業、石炭
労働災害の件数や発生率、作業停止日数	食品小売・流通、電気部品受託、エアライン、自動車
顧客・消費者のプライバシーに関する訴訟等による損失額	医薬品、医療提供、広告・マーケティング、電気通信サービス、ソフトウェア・ITサービス、消費者金融
法令違反による損失	医薬品、医療機器、エンジニアリング・建設、航空宇宙・防衛、電気電子機器、海運
法令違反による損失	エンジニアリング・建設、電気電子機器、電気通信サービス、自動車部品、半導体、ソフトウェア・ITサービス、インターネットメディア
データ漏えい件数、法令違反の件数・損失	医療提供、電気電子機器、電気通信サービス、ソフトウェア・ITサービス、商業銀行
機密情報漏えい割合	プロフェッショナルサービス（コンサルティング等）
不正カード利用による損失	消費者金融
リコール件数、法令違反の件数・損失	医薬品、医療機器、家電製品、食品小売、食品加工、電気電子機器、航空宇宙・防衛、自動車、自動車部品、おもちゃ・スポーツ用品
製品欠陥の改修費用	エンジニアリング・建設
法規制や自主規制違反件数、訴訟等による損失額	医薬品、医療機器、食品小売、食品加工、飲料、教育、保険

ESG基準（GRI、SASB）

出所：UNGC「責任投資原則」と JICPA "Global Sustainability Insights" を参考に著者作成

第**2**部
ESGリスクマネジメント

サステナビリティ文脈からあるべきリスクマネジメントを考える ………… 65

2/1 贈収賄・反競争的行為 ……… 74

腐敗・贈収賄

第 1 部

ESGとは何か

1 / 1 ESG とは何か

ESG誕生の経緯

1999年、コフィー・アナン国連事務総長（当時）が、世界経済フォーラムの年次総会（通称「ダボス会議」）で、「人権・労働基準、環境問題など世界的な課題解決に企業が参画することの必要性」について、次のように述べました。

> ——世界共通の理念と市場の力を結びつける道を探りましょう。民間企業のもつ創造力を結集し、弱い立場にある人々の願いや未来世代の必要に応えていこうではありませんか。
>
> コフィー・アナン国連事務総長（当時）のメッセージ（1999年1月、世界経済フォーラムの年次総会にて）

要約すれば、「企業も国際的な課題解決に向けて一緒に取り組みましょう」というメッセージです。企業を敵対視するわけではなく、あくまで協調的な姿勢であることが読み取れます。

このアナン元国連事務総長のメッセージは、本書のテーマであるESGが誕生するきっかけとなった発言といえます（**図表1-1**）。

ESGとは、環境(Environment)、社会(Social)、ガバナンス(Governance)の頭文字を取ってつくられた言葉です。これら3つを考慮した投資活動や経営・事業活動を指し、企業投資の新しい判断基準として注目されています。

図表1-1：ESG誕生の経緯

1999年	コフィー・アナン国連事務総長（当時）がダボス会議で提唱。グローバルマーケットは脆弱であり、人権・労働基準、環境問題に企業が取り組む重要性を述べた
2000年	国連グローバル・コンパクト（UNGC）発足
2004年	国連環境計画・金融イニシアティブ（UNEP FI）が、「環境、社会、コーポレートガバナンスが短期的、長期的な株主価値に影響を与える」ことを言及
2005年	コフィー・アナン国連事務総長（当時）が、世界の大手機関投資家に対し、責任投資原則の策定作業への参画を要請
2006年	責任投資原則（PRI）が発足。「ESG」という言葉が初めて明記される

出所：著者作成

　とはいえ、ESGに対して「何がきっかけで生まれ、いつから使われている言葉なのだろう？」と疑問をお持ちの方もいらっしゃると思います。そこで本章では、まずESG誕生の経緯について見ていきましょう。

　ESGが生まれた背景には、経済のグローバル化による社会に対する負のインパクトが深く関係しています。1990年代、ソ連崩壊（冷戦終結）をきっかけに急速な経済のグローバル化が進んだ結果、莫大な富を築く経営者や投資家が次々と生まれました。一方で、貧困問題や環境破壊が表面化していき、そうした世界的な課題は、もはや国家や国際機関だけでは解決できないレベルにまで発展していきました。

　その後、1999年に16ページのアナン元国連事務総長の発言があり、翌2000年には、ニューヨーク国連本部で国連グローバル・コンパクト（UNGC）が発足しました。UNGCは、世界の持続可能な

成長を実現するために、人権・労働・環境・腐敗防止に関する10原則（**図表1-2**）を遵守し、実践するよう要請しています。

　UNGCを理解するうえでは、国連の主要機関を知っておくことが必要です。国連の主要機関には、総会、安全保障理事会、経済社会理事会、信託統治理事会、国際司法裁判所、事務局の6つがあります。国際憲章71条では、このなかの経済社会理事会と民間団体との協力関係について定められており、民間団体との協力については、①市民社会との関わりとしてのNGO、②企業との連携としてのグローバル・コンパクト、③高等教育機関としてのアカデミック・インパクトの3つがあります[1]。このうち②がまさにUNGCに該当します。

図表1-2：国連グローバル・コンパクト（UNGC）の4分野10原則

人　権 企業は、 原則1　国際的に宣言されている人権の保護を支持、尊重し、 原則2　自らが人権侵害に加担しないように確保すべきである	**労　働** 企業は、 原則3　結社の自由と団体交渉の実効的な承認を支持し、 原則4　あらゆる形態の強制労働の撤廃を支持し、 原則5　児童労働の実効的な廃止を支持し、 原則6　雇用と職業における差別の撤廃を支持すべきである
環　境 企業は、 原則7　環境上の課題に対する予防原則的アプローチを支持し、 原則8　環境に関するより大きな責任を率先して引き受け、 原則9　環境にやさしい技術の開発と普及を奨励すべきである	**腐敗防止** 企業は、 原則10　強要と贈収賄を含むあらゆる形態の腐敗の防止に取り組むべきである

出所：Global Compact Network Japan「国連グローバル・コンパクトの10原則」

ちなみに日本では、グローバル・コンパクト・ネットワーク・ジャパン（GCNJ）が2003年12月に発足して以降、上場企業を中心に加入団体数が増え、2023年4月時点では546に及びます[2]。

　UNGCを出発点として、ESG誕生の大きなきっかけとなったのが2004年の国連環境計画、金融イニシアティブ(UNEP FI)による「環境、社会、コーポレート・ガバナンスが短期的、長期的な株主価値に影響を与える」という言及（以下、UNEP FIの言及）です[3]。

　国連環境計画(UNEP)は、環境問題に対する各国の活動を支援する機関です。1972年ストックホルム国連人間環境会議で採択された「人間環境宣言」および「環境国際行動計画」の実行機関として、同年の国連総会決議に基づき設立されました。

　UNEP FIは、「FI（金融イニシアティブ）」という言葉がつくように、UNEPと200以上の世界各地の銀行、保険・証券会社などとの広範かつ緊密なパートナーシップのことで、1992年に設立されました。UNEP FIは、署名機関に対して、業務に直結する専門的な調査、環境に配慮したビジネスモデルの提案などを提供しています。

　UNEP FIの言及には、「環境」「社会」「コーポレートガバナンス」という言葉が含まれており、ESGの誕生を予感させるものといえます。とはいえ、この言及があったレポート内は「ESC」などと表記され、ESGという言葉はまだ使われていません[4]。

　また、UNEP FIの言及は、あくまで11のケーススタディでの調査結果に基づいてUNEP FIのアセットマネジメントワーキンググループ(AMWG／12機関) が合意したものです。**図表1-3**を見ていただければわかるように、一部のセクターや地域を対象としていた

り、「重大な悪影響を与える可能性がある」という表現であるなど、「環境、社会、コーポレートガバナンスが短期的、長期的な株主価値に影響を与える」ということの蓋然性についてはさまざまな解釈があり、これ以後ESGと企業価値、あるいはESGと株価パフォーマンスに関する研究論文がいくつも発表されることとなります。

　ESG が初めて登場するのは2006年のこと。2005年、コフィー・アナン国連事務総長（当時）が、世界の大手機関投資家に対して「責任投資原則（PRI）」の策定作業への参画を要請し、2006年に正式発足。このPRIの中で初めてESGという言葉が使われました。

　PRIとは、UNEP FIとUNGCが連携して発足されたESG投資の世界的なプラットフォームです。目標は、環境、社会、ガバナンスの問題に対する投資の影響を把握し、署名機関がこれらの課題を投資および株主としての決定に統合するのを支援することです。

　PRIは、投資家が策定し、国連の支援を受けた6原則を掲げています（**図表1-4**）。署名機関は財務情報に加えて、環境、社会、ガバナンスに関する視点を、その投資プロセスにおいて取り入れることなどが求められます。

図表1-3：UNEP FIのAMWG 11のケーススタディ

	セクター	地域	概要
1	医薬品	ヨーロッパ	・優れたCSRはビジネスリスクを低減する ・社会的および環境的要因は製薬会社の事業に影響を与えるが、その関連性は明確ではない
2	小売	グローバル	・ガバナンス基準の質が最も高い企業は、一般的に、株主への還元率を高める傾向がある ・株価パフォーマンスとCSRとの直接的な関連性は、検証時点では見つからなかった
3	複数の セクター	南アフリカ	・社会的および環境的問題と、「良き企業市民」へのコンプライアンスが株価のパフォーマンスに影響を与えたかどうかを評価 ・検証対象の5年間で、株式評価とコンプライアンスとの間に関連性があると結論付けることができなかったが、長期的には、株価パフォーマンスは、優れた企業市民権の影響を強く受けると考える
4	ユーティリティ	ヨーロッパ	・排出権取引がほとんどのヨーロッパの発電設備メーカーにとって価値創造の機会である
5	航空	英国/ ヨーロッパ	・排出税導入措置は、航空会社と空港事業の収益に重大な悪影響を与える可能性がある
6	石油・ガス	グローバル	・ゴールドマン・サックス・エナジー・エンバイロメンタル・アンド・ソーシャル(GSEES)インデックスによるスコアと財務実績との相関分析
7	ユーティリティ	ヨーロッパ	・環境政策や規制による電力業界に与える機会とリスクへの影響分析
8	電力技術 化学 家電 医薬品	日本	・日本市場が直面している地球環境問題について、環境圧力によって推進されるニッチ成長市場における機関投資家の投資機会を特定する ・今後企業価値に与える影響を具体的に評価することが必要
9	保険	日本	・損害保険会社のCSR強化に向けた取り組みを、株主、消費者(販売代理店、契約者)、従業員のさまざまな視点から考察 ・保険セクターにおける非財務基準を検討する取組みを説明
10	ユーティリティ	ヨーロッパ	・電力会社の株価についての定量的評価モデルの検証 ・エネルギー事業構造に対する長期的な影響について定性的アプローチの検証
11	保険	ヨーロッパ	・気候変動、遺伝子技術、地政学リスクが保険会社の機会とリスクに及ぼす影響を検証 ・テーマが株価に与える潜在的な影響を特定または定量化できず、非常に困難であるとの見解

出所：著者作成

図表1-4：6つの責任投資原則

1. 私たちは、投資分析と意思決定のプロセスにESG の課題を組み込みます

2. 私たちは、活動的な所有者となり所有方針と所有習慣にESGの課題を組み入れます

3. 私たちは、投資対象の主体に対してESGの課題について適切な開示を求めます

4. 私たちは、資産運用業界において本原則が受け入れられ実行に移されるように働きかけを行います

5. 私たちは、本原則を実行する際の効果を高めるために協働します

6. 私たちは、本原則の実行に関する活動状況や進捗状況に関して報告します

出所：United Nations Global Compact「責任投資原則」

図表1-5：PRI署名機関数の推移

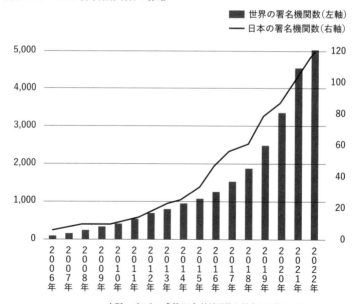

出所：ジェトロ「第Ⅳ章 持続可能な社会を目指す政策とビジネス」

2006年の発足以来、PRIへの署名機関数は右肩上がりで上昇しており、2022年7月3日時点で5,020に達します（**図表1-5**）。

　なぜ、ここまで世界はESGを重視するようになったのでしょうか。端的にいえば、短期的利益の追求により、環境（気候変動問題など）、社会（サプライチェーン全体の人権・労働問題など）、企業統治（企業不祥事など）の問題が著しく懸念されるようになったからです。そのため、ESGという考え方が広まり、グローバルで「経済規模・利益の追求」から「持続可能な成長」に舵を切ったといえます。

　参考までに、2021年の時点での世界のGDPは、推定で約86兆ドルから90兆ドルの範囲とされています。1960年と比較すると約 60倍の規模へと成長しています（**図表1-6**）。

　なかでも近年は、GAFAM（Google、Amazon、Facebook [現 Meta]、Apple、Microsoft）と呼ばれる超巨大IT企業が現れ、影響力を増しています（**図表1-7**）。その一部は先進国や主要な新興国のGDPを上回る時価総額を持つほどです。たとえば、Appleの時価総額は2022年6月時点で約2.3兆ドルに及びます。これはG7国であるイタリアやカナダのGDPを超え、日本のGDPの半分近くにも迫る水準です。

　日本では「三方よし（買い手よし、売り手よし、世間よし）」という経営哲学がある通り、古くから「ビジネスにおいても社会貢献は重要である」と考えられてきました。

図表1-6：世界GDPの推移

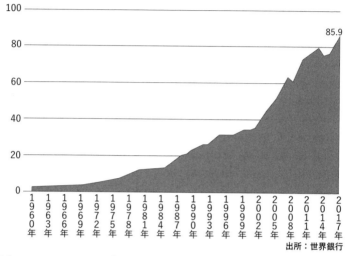

出所：世界銀行

図表1-7：オンラインプラットフォームを有する代表的な事業者の売上等の推移

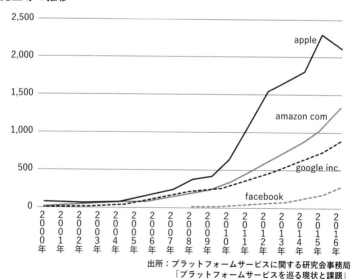

出所：プラットフォームサービスに関する研究会事務局
「プラットフォームサービスを巡る現状と課題」

しかし現実を見渡すと、環境負荷を無視したり、従業員から搾取し続けたりする企業、そしてその企業に資金提供する投資家は少なくないことが指摘されています。

　そうした経済のグローバル化によって生じるさまざまなリスクの抑止策として提唱されたのが、ESGといえるでしょう。ある意味、1990年以降の大きなグローバル化の流れの中でESGが誕生したのは、社会がより前進するうえで必然の出来事とも考えられます。

　なお、日本においてESG浸透の契機となったのは、2015年のGPIF（年金積立金管理運用独立行政法人）がPRIに署名したことです。GPIFは約200兆円の運用資産を保有しているため、日本の資産運用業界に大きなインパクトを与えました。その後、GPIFは2017年度から「ESG指数」に基づいた株式投資をはじめ、企業が公開する非財務情報の重要度が急激に高まりました。こうした背景により、2020年には日本のESG投資残高は約3兆ドル、2016年から4年で約6倍に拡大しました[5]。

　そして現在、ESGは中長期的に「投資パフォーマンスが高い傾向がある」と見なされています。GPIFが採用している国内株ESG指数のパフォーマンス（過去5年間）では、TOPIX（東証株価指数）を上回る結果が出ています（**図表1-8**）。非金融の方々からすると、「なぜ、こんなに金融関係者はESG評価を重視しているのか」と思われるかもしれませんが、少なくとも本事例では実際に投資パフォーマンスとしての結果が出ているのです。

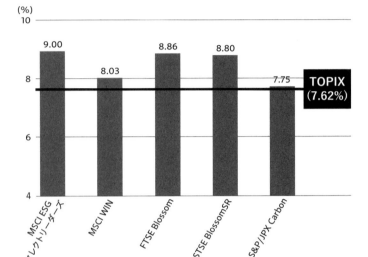

図表1-8：GPIFが採用している国内株ESG指数のパフォーマンス

出所：GPIFウェブサイト「なぜGPIFがESG投資をするのか」

COLUMN PRIに署名しても本当に大丈夫？

　PRIへ署名する企業・団体数は日本でも右肩上がりに増加していることはすでに述べた通りですが、最初に署名したら終わりというわけではありません。署名後は、国連グローバル・コンパクト10原則への取組みに関するオンライン質問書に毎年回答する必要があります。また、回答結果はUNGPのホームページ上で公表されます。

　これは、「国連グローバル・コンパクトのステークホルダーの間で、一貫した信頼できる企業のサステナビリティ報告を求める声が高まっている」[6]ことを背景に、企業の経年の進捗状況の追跡、同業他社との比較をできるようにすることを目的としています。

　回答は、ガバナンス、人権、労働、環境、腐敗防止の5つのセ

クションから構成され、設問数は合計で72あります（2023年2月時点）。回答するにあたっては、GRIスタンダード、SASBなど関連する基準を理解する必要があります。関係部門への依頼、回答結果の確認など一定の負荷もかかります。

　ESGやサステナビリティに形式上取り組んでおけば大丈夫という時代ではなくなっています。同業他社と比べて消極的でないかなど今後は厳しくみられることが予想されます。PRIへ署名を検討している企業は、署名後の実務対応負荷も考えたうえで判断する必要があります。

セクション	設問数	設問例	ESG開示基準
ガバナンス	16	G7.1. デューデリジェンス・プロセスにおいて、人権、労働、環境、腐敗防止に対する負のリスクが特に深刻となる可能性があるサプライヤー、商取引関係を対象としましたか。	GRI Disclosures 2-23-e, 3-1 (2021)
人権	7	HR3. 報告期間中、貴社は下記の人権項目に関し、影響を受けるステークホルダーまたはその正当な代表と対話しましたか。	GRI Disclosures 3-1-b, 3-3-f (2021)
労働	13	L10. 報告対象期間中、貴社の労働災害発生率（労働者一人当たりの負傷件数）についてお答えください。	ISAR C.3.2; GRI Disclosure 403-9 (2018)
環境	26	E11. 報告対象期間中、貴社における低炭素商品・サービスの売上が、売上全体に占める割合を記入してください。該当する場合、対象となる商品・サービスの概要（該当する認証など）を補足情報欄に記入ください。	SASB CG-MR-410a.1a; WEF Common Metrics
腐敗防止	10	AC4. 貴社は腐敗防止のためのコンプライアンス・プログラムをモニタリングしていますか。	GRI Disclosure 3-3-e (2021) for the topic GRI 205 (2016);

出所：「UNGC_CoP_Questionnaire_2023 JP」をもとに筆者が作成

CSR、SDGs、SRIとの違い

前項ではESG誕生の経緯を解説しましたが、同じサステナビリティ関連の文脈でよく使われる言葉があります。それが「CSR」「SDGs」「SRI」です。

ESGと同様、言葉としては知っているものの、いざ意味を聞かれると答えに窮してしまう人も多いのではないでしょうか。ここでは上記3つの意味と、ESGとの違いについて見ていきます。

・CSR

CSR (Corporate Social Responsibility) とは、直訳すると「企業の社会的責任」を意味します。「責任」という言葉を聞くと、納税や雇用といった自社の役割を果たすことを連想しがちですが、Responsibility（責任）ではなく、Response(反応)とAbility（力、能力）を組み合わせた「企業の社会的対応力」と表現するのがより的確といえます。

CSRの発祥は、イギリスのオリバー・シェルトンによる論文「経営の哲学」(1924年)だといわれています。日本では2003年に企業の社会的責任について本格的な議論が開始され、さまざまな企業でCSRの部署が設置されたことから、2003年を「CSR元年」と呼ぶ場合があります。この背景には、2000年ごろから社会問題となった安全や品質に関する企業不祥事などにより、2002年に経団連が「企業不祥事防止への取り組み強化について」を発表し、毎年10月を「企業倫理月間」と決定したことが大きな要因と考えられます。

CSR とESGを比較すると、ともに「環境や社会課題が影響を与えるステークホルダーの利益を考慮して経営判断を行う」ことは共

通していますが、ESGは「経済的な利益を目標にする」のに対し、CSRは「経済的な利益を目標にしない」という違いがあります。わかりやすくいうと、ESGでは経済合理性を起点とした行動である一方、CSRでは経済的利益とは関係なくボランティアや地域住民との交流など社会貢献の取り組みを行う、というイメージです。株主からすると、「ESG＝お金を生む」のに対し、「CSR＝お金を生まない（コスト）」となります。この違いが、CSRがESGよりも本格的に普及しなかった要因のひとつと考えられます。

COLUMN CSRの取り組みは今後衰退していく？

　昨今、ESG、SDGs、サステナビリティという言葉はよく見かけますが、それらの存在に押し出される形で、CSRの勢いが落ち込んでいると感じる方も多いのではないでしょうか。しかしデータを見ると、そんなことはないことがわかります。

　図表1-9は、有価証券報告書上に「CSR」「ESG」「SDGs」「サステナビリティ」について記載している会社数の推移を表したグラフです。たしかにCSRは一時期のブームのように使われることはなくなりましたが、その重要性については変わっていないように見えます。依然としてコーポレートガバナンスの中で、CSRについて言及する、あるいはCSRを担当する部門や会議体を設けている会社は多いと感じます。これは、品質問題などの企業不祥事からもわかるように、ルールや手順を遵守する重要性そのものは変わっていないことの表れではないかと推測します。皆さんの会社や組織では、CSRやコンプライアンスへの取り組みはどれくらい浸透しているのでしょうか。

図表1-9：有価証券報告書における該当ワードの会社数の推移

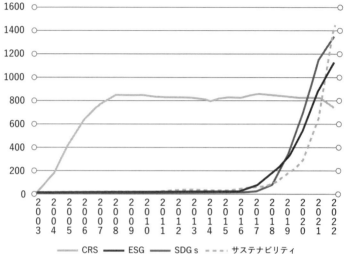

出所：著者作成

・SDGs

SDGs（Sustainable Development Goals）は、「持続可能な開発目標」と訳され、2030年までに持続可能でよりよい世界を目指す国際目標を指します。2015年9月の国連サミットで採択され、17のゴール・169のターゲットから構成されています。

SDGs は、2001年に策定されたミレニアム開発目標（MDGs）の後継として誕生しました。MDGsはアフリカ・アジアなどの極度の貧困と飢餓の撲滅などを対象として、2015年までに達成すべき8つの目標だったのですが、SDGsではその対象が全世界に拡大したため、日本でも大きく注目を集めることとなりました。

SDGsとESGを比較すると、ともに「社会課題解決への取り組みであること」は共通していますが、SDGsは、政府、民間を含む

「あらゆる組織」が主体なのに対して、ESGは民間企業や投資家が主体という違いがあります。企業・投資家目線では、ESG投資とSDGsとの関係は、**図表1-10**のように示され、理解しやすいかと思います。

　ちなみに、日本でも近年SDGsはさまざまなシーンで取り上げられて知名度が高まりましたが、2022年日本のSDGs達成度は世界19位です。特に、「(目標5) ジェンダー平等を実現しよう」「(目標1-11) 気候変動に具体的な対策を」が特に課題であると指摘されています。ちなみに上位は北欧、中欧、西欧、東欧とヨーロッパ勢が占めます(**図表1-11**)。

図表1-10：ESG投資とSDGsの関係

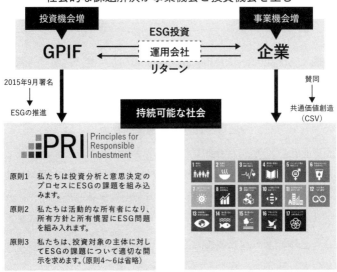

社会的な課題解決が事業機会と投資機会を生む

出所：GPIFのHPより

図表1-11：2022年版世界のSDGsランキング

順位/国名/ランキングスコア		
1位：フィンランド（86.5）	11位：イギリス（80.6）	154位：アンゴラ（50.9）
2位：デンマーク（85.6）	12位：ポーランド（80.5）	155位：ジブチ（50.3）
3位：スウェーデン（85.2）	13位：チェコ共和国（80.5）	156位：マダガスカル（50.1）
4位：ノルウェー（82.3）	14位：ラトビア（80.3）	157位：コンゴ民主共和国（50.0）
5位：オーストリア（82.3）	15位：スロベニア（80.0）	158位：リベリア（49.9）
6位：ドイツ（82.2）	16位：スペイン（79.9）	159位：スーダン（49.6）
7位：フランス（81.2）	17位：オランダ（79.9）	160位：ソマリア（45.6）
8位：スイス（80.8）	18位：ベルギー（79.7）	161位：チャド（41.3）
9位：アイルランド（80.7）	**19位：日本（79.6）**	162位：中央アフリカ共和国（39.3）
10位：エストニア（80.6）	20位：ポルトガル（79.2）	163位：南スーダン共和国（39.0）

出所：Sustainable Development Report 2022をもとに著者作成

・SRI

　SRI（Socially Responsible Investment）は、「社会的責任投資」と訳され、一般的に財務情報の他、コンプライアンス、情報公開、従業員への配慮、取引先の労働条件、地域社会への貢献、環境への配慮などを考慮して投融資を行う手法を指します。

　歴史を紐解くと、「社会的責任投資」の考え方はもともとユダヤ法にありました。近代では、1700年代半ばにアメリカの教会がアルコールやギャンブル関連企業を投資対象から除外したのがSRIのはじまりといわれています。その後もアメリカやヨーロッパで普及していき、1999年には日本でも初のSRI型投資信託であるエコファンドが発売。残高は一時2,000億円を突破しました。

　SRIとESGは、基本的に同じ意味です。ただし、SRIは社会運動

的な視点として位置付けられるため、利益を度外視した思想的要素が強いといえます。

ESGが注目される背景

　2006年に誕生して以降、ESGの重要度は高まっており、皆さんもそのことは強く感じられていると思います。ESGが注目を集める背景には、大きく3つの理由があると思います。

①ESG投資を行う世界有数の資産運用会社の台頭

　日本の株式市場における外国法人等の株式保有比率は右肩上がりで伸びていき、2020年度時点では約3割を占めます（**図表1-12**）。外国法人等の株主のなかには、日本のGDP（約555兆円）の2倍に相当する1,134兆円の運用資産残高を保有する世界最大の資産運用会社・ブラックロック（アメリカ）のように、企業にESG観点でさまざまな要請を行う投資家もいます。そのため企業としても、ESG評価を無視できない状況です。

　参考までに、ブラックロックは、投資先企業に対して年次書簡を出しており、その中で同社が注視するESG関連の重要業績評価指標（KPI）やアクションの開示を要求しています（**図表1-13**）。

　たとえば、気候関連財務情報開示タスクフォース（TCFD）に準拠した情報開示、離職率、議決権行使プロセスの改善、ダイバーシティ・平等・インクルージョンの改善を含んだ人材戦略などです。

　ブラックロックは、ファンドを通じて主要な上場企業の大株主

図表1-12：日本の株式市場における外国法人等の株式保有比率

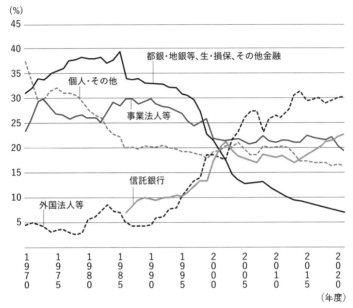

（注）1.1985年度以前の信託銀行は、都銀・地銀等に含まれる。
　　　2.2004年度から2009年度まではJASDAQ証券取引所上場会社分を含み、
　　　　2010年度以降は大阪証券取引所または東京証券取引所におけるJASDAQ市場分として含む。

出所：日本取引所グループ「2021年度株式分布状況調査の調査結果について」

図表1-13：ブラックロックの年次書簡

年	ESG	注視するKPI/ 求める アクション	書簡の内容
2022年	E	温室効果ガス削減目標 TCFD（気候関連財務情報開示タスクフォース）に準拠した情報開示	企業に対して短期、中期および長期的な温室効果ガス削減目標を設定することを求めています。このような目標と達成に向けた充実した計画が、貴社の株主の長期的な経済的利益にとって決定的に重要となります。弊社が貴社にTCFD（気候関連財務情報開示タスクフォース）に準拠した情報開示を要請する理由もこの点にあります。
	S	離職率の改善	雇用主と従業員との関係ほど、パンデミックによって大きく変化したものはありません。 従業員との間に強い絆を築いている企業は離職率が低く、パンデミックの期間にはより良好なリターンを示す傾向が見られました。 一方で、この新たな現実に適応せず、従業員と向き合うことを避ける企業は、リスクを負うことになります。離職率が高いとコストが押し上げられ、生産性は低下し、企業文化と組織としての知見が損なわれます。
	G	議決権行使プロセスの改善	貴社がより直接的に議決権行使プロセスに参加する機会について、貴社の運用担当者に問い合わせてみてはいかがでしょう。
2021年	E	TCFDに準拠した情報開示	企業が自社のビジネスモデルをネットゼロ経済に整合的なものに変革するための計画を開示することを要請しています。 このネットゼロ経済とは、温室効果ガスの排出量を2050年までにネットでゼロとすることを目指す世界的な取り組みに沿って、地球の温暖化を2度より十分に低く抑えることのできる経済を意味します。こうした計画が貴社の長期戦略にどのように組み込まれ、貴社の取締役会でどのように議論されているのかを開示下さることを期待しています。
	S	ダイバーシティ、平等、インクルージョンの改善を含んだ人材戦略	貴社がサステナビリティ報告書等を発行する際には、その情報開示において、各地域に適した形でダイバーシティ、平等、インクルージョンの改善に向けた長期的な人材戦略について網羅的に開示いただくことを期待します。

出所：BlackRock, ラリー・フィンク "2021 letter to CEOs" をもとに著者作成

第1部　ESGとは何か

となっており、アメリカならS&P500種株価指数を構成する企業の80%以上において、持ち株比率の上位3位までに入っています。

この傾向は、日本の上場企業に対しても当てはまります。2022年決算期を対象とした有価証券報告書には、ブラックロックによる大量保有（変更）報告書について、119の会社で該当がありました。**図表1-14**にその一部を示しましたが、いずれも日本を代表する大企業であることがわかります。

つまり、ブラックロックが大株主にいる企業は、ブラックロックが掲げるESG関連のKPIや求めるアクションに影響を受けざるを得ない状況にある、と読み解けます。

このように、グローバルビジネスを展開している企業なら、ESGは欠かすことができない経営目標であり、かつ投資家や主要株主からのプレッシャーといえるのです。

図表1-14：ブラックロックによる大量保有（変更）の上場企業一例

AGC、INPEX、ENEOSホールディングス、オリンパス、花王、キリンホールディングス、資生堂、商船三井、住友商事、ソニーグループ、ソフトバンクグループ、東芝、日本郵船、任天堂、日立製作所、パナソニックホールディングス、マツダ、丸井グループ、みずほフィナンシャルグループ、三井住友フィナンシャルグループ、三井不動産、三井物産、三菱地所、三菱マテリアル、大和証券グループ本社、リクルートホールディングス

出所：著者作成

②グリーンウォッシュの社会問題化

グリーンウォッシュ（別名：グリーンウォッシング）とは、"green（環境配慮）"と"whitewash（うわべだけ、ごまかし）"を組み合わせた言葉で、「実態を伴わないのに、環境配慮を意識した取り組みをしているように装うこと」を意味します。「偽グリーン」「偽エコ」といった言葉が使われるケースもあります。発祥は、アメリカの環境活動家であるジェイ・ヴェステルフェルトが1986年に書いたエッセイだといわれています。似たような言葉には、他にも、インパクトウォッシング、サステナビリティウォッシング、ESGウォッシングなどもあります。

グリーンウォッシュの一例を出すと、次のようなイメージです。

・環境配慮を強みとして販売しているが、実は製造過程で大量のCO_2を排出している

・環境に優しい成分がたくさん入っているように見せかけている

・自然由来、ナチュラルといった曖昧な言葉を使い、かつ説明がない（もしくは、大抵の消費者が見落としてしまうくらい小さく記載されている）

以下、実際にあったグリーンウォッシュの事例を紹介しましょう。

コカ・コーラは、環境汚染につながるとされているプラスチックについて「販売量と同等量を回収」などという「2030年ビジョン」を掲げて環境への配慮をアピールしていましたが、実際には大量のプラスチックパッケージを世界へ流通させていることが判明し、4

年連続でプラスチック汚染企業のトップに選ばれています[7]。

　また、コカ・コーラは以前、赤のラベルを緑のラベルに変えたことがあります。これは赤のラベルよりも砂糖の割合を減らしたからなのですが（10.6％→6.6％）、Cancer Council Australiaの公衆衛生専門家であるクレッグ・シンクラーは、「これは健康という意味ではない」と述べたうえで、ラベルを緑色にすることで健康・環境に良い印象を与えることから、誤解を招くPRだと非難しました。

　このように、昨今はESG関連の取り組みを行う企業が増えたため、グリーンウォッシュはあらためて注目を集めています。

　一方で、グリーンウォッシュが世界規模で問題視されていることで、「きちんとESGの取り組みをしている企業を選びたい」というニーズや、「誇張や虚偽をなくして、しっかり取り組もう」という企業側の意識づけにつながっていることは間違いありません。グリーンウォッシュはもちろん許されることではありませんが、結果として、より多くの人がESGに注目する要因になっているといえるでしょう。

　なお、企業のグリーンウォッシュに対して、サステナブルな活動のコンサルティングを行うイギリスのFuterra社は、グリーンウォッシュを防ぐためにガイド「Understanding and Preventing Greenwash:A Business Guide」を発行し、その中で次のチェックリストを提供しています（**図表1-15**）。

　特に、営業やマーケティングに携わっている人は、自社の商品・サービスが当てはまらないかチェックしてみてください。

図表1-15：グリーンウォッシュだと疑うべき10のサイン

1. ふわっとした言葉	明確な意味を持たない言葉や用語（例：エコフレンドリー）
2. グリーン製品と汚い会社	川を汚す工場で作られた効率的な電球など
3. 示唆に富む絵	環境に優しそうな画像の使用（例：工場のパイプから花が咲いている描写）
4. 1点の強調	他のすべてのものがエコではないときに、ひとつの小さなエコ要素をやたら強調する
5. 業界ナンバー1	他がかなり酷くても、自社は他の人より少しエコだと宣言すること
6. ただ信用できない	環境に優しいタバコのように、危険な製品を"グリーン化"してもそれは安全ではない
7. わかりにくい表現	科学者にしか確認できない、理解できない情報を使う
8. 空想の友人をでっち上げる	認証や、推薦など、第三者のお墨付きに見えるでっち上げの「レッテル」を使用する
9. 証拠がない	正しいかもしれないが、証拠はどこにあるのか？
10. あからさまな嘘	完全に捏造されたクレームやデータ

出所："Understanding and Preventing Greenwash: A Business Guide"をもとに著者作成

③Z世代によるエシカル消費重視

　エシカル消費とは、地域の活性化や雇用などを含む、人・社会・地域・環境に配慮した消費行動のことを指します。SDGsの特に12番目である「つくる責任 つかう責任」に該当します。日本では消費者庁が2015年5月から2年間にわたり「倫理的消費」調査研究会を開催していたことからも、2015年あたりから使われるようになった言葉と考えられます。

　Z世代を中心とする若者では、いわゆるバブル世代的な高性能・ハイブランド的な消費スタイルではなく、多様な価値観のもと、エシカル（倫理的・道徳的）に基づいて購入する商品・サービスを選ぶ人が増えており、これがESG注目の背景のひとつとなっています。また、金融機関や資産運用会社は多数の年金受給者、労働者からお金を預かっているため、投資家サイドとしてもエシカル消費の

存在感を無視できないという側面もあります。

「Z世代にそんな影響力があるのか」と思われた方もいるかもしれません。たしかに日本では少子化が加速していますが、世界規模で見ればZ世代は人口比率が高く、むしろ今後の消費活動の中核となる存在です。

　以上、ESGが注目される背景として、「ESG投資を行う世界有数の資産運用会社の台頭」「グリーンウォッシュの社会問題化」「Z世代によるエシカル消費重視」という3つを見てきました。

　いずれも短期的になくなるものではないことから、ESGに対する注目はまだまだ続くと思われます。

　参考ですが、「そもそもなぜ、サステナビリティを経営に取り入れる必要があるのか?」と疑問に思われた人もいるかもしれませんが、この理由は、世界経済人会議(WBCSD)が2021年3月に発表した「ビジョン2050:大変革の時」の改訂版でわかりやすく提示されています。この報告書では、人類が直面している課題の緊急性を踏まえて、90億人以上がプラネタリーバウンダリーの範囲内で真に豊かに生きられる世界を築くために、2050年までに企業が起こすべき行動についての全体的フレームワークを示しています[8]。興味のある方はぜひご一読いただければと思います。

「ESGの成功」は企業成長につながるのか?

　そもそも企業にとって、ESGの成功とは何なのでしょうか。明確な定義はないと認識していますが、ひとつの判断基準としてESG評価格付機関が行う「ESGスコアにおける高得点」をESGの成

功と仮ですが捉えてみます。

　ESGスコアとは、評価対象企業のESGパフォーマンスを第三者機関が数値化した指標のことで、各評価機関によってESG情報の収集項目や重視項目が異なります。世界で600以上の評価機関があり、機関投資家が注目する代表的なESGスコアでも10近くあります（**図表1-16**）。そのため、同一の企業でもESG評価機関によって評価が大きく分かれることもあります。

　一見、このESGスコアの得点が高ければ高いほど、「投資家に評価されて株価が上がる」「消費者に評価されて売上が伸びる」など、ポジティブな結果をイメージしてしまいがちです。

　しかし、ESGスコアと企業の業績・株価との直接的な因果関係は、学術的には明らかになっていません[9]。現状、「ESGに取り組んだ企業のパフォーマンスは伸びている」ことはわかっていますが、そこにESGがどれだけ関与しているのかどうかは明らかになっていないのです。

注目される「Bコープ」と「ベネフィットコーポレーション」

　25ページで解説したように、ESGは投資観点で「パフォーマンスがよい」と認識され、とりわけ金融業界では注目されているわけですが、会社制度そのものに対して、ESGを経営として実践することを後押しする流れが出ています。その代表例が「Bコープ」と「ベネフィットコーポレーション」です。

＊

図表 1-16：主要な ESG スコアの概要

	ソース	カバレッジ	尺度
FTSE Russell	公表情報	約7,200社	0~5

特徴▶ESGについて14のテーマごとに評価。個々のテーマについて10~30の小項目について開示状況で評価し、セクターごとに重要性で重みづけ評価している▶5点満点中3.3点以上の評価でインデックスに組み込み（FTSE Blossom Japan 等の場合）

	ソース	カバレッジ	尺度
RobecoSAM	アンケート	約4,700社	0~100

特徴▶財務上のマテリアリティに重点。企業のサステナビリティに係る機会の認識、活用能力を毎年評価▶61 の異なるセクター個別のメソドロジーも整備

	ソース	カバレッジ	尺度
Sustainalytics	公表情報	約9,000社	0~100

特徴▶企業の重大なESG課題へのエクスポージャーを評価▶ESG リスク管理能力に応じてスコアリング。なお、企業が直接管理できるリスクのみを考慮（例:石炭関連会社におけるスコープ3排出は評価対象外）

	ソース	カバレッジ	尺度
MSCI	公表情報	約7,000社	AAA~CCC（7 段階）

特徴▶企業のESGリスクと機会を7段階で評価。高評価を受けた企業はインデックスへ取り組み▶機関投資家向けにパフォーマンス調整済みに設計。毎年更新

	ソース	カバレッジ	尺度
CDP	アンケート	約7,000社	A~D-（8段階）

特徴▶企業より提出されるアンケートに基づき、環境対応に関する透明性とサステナビリティ指数のパフォーマンスを評価。毎年実施・更新▶気候変動、森林、水の安全という3つの主要なカテゴリを評価。スコアリング方法はセクターごとに異なるが、共通カテゴリとしてガバナンス、リスクと機会、目標とパフォーマンス、開示、排出方法を設定

	ソース	カバレッジ	尺度
ISS ESG	公表情報	約6,300社	1-10（10段階）

特徴▶企業の開示慣行を測定し、特に環境およびソーシャル指数に焦点▶スコアは主に報告されるデータ量によって決定されるが、各種リスク軽減のための対策およびリスクに対する将来的な責任へのコミットメントに対して強い重み付け▶GRI、SASB、TCFDの開示拡充は、ISSのランキング向上へ寄与

	ソース	カバレッジ	尺度
Vigeo Eiris	公表情報	約 4,500 社	0~100

特徴▶国際枠組みに基づく38の基準を設定し、分析のためリスクファクターにより6つの領域に分類。さらに、各セクターとESG要素の関連性・重要度を鑑みて重みづけし、300超の指数を通じて評価▶ユーロネクストと共同でESGインデックスを組成

	ソース	カバレッジ	尺度
Bloomberg	—	約 11,500 社	0~100

特徴▶企業の環境データのブルームバーグ端末フィールドのカバー量を評価▶開示量のみにフォーカスし、パフォーマンスはスコアリングに考慮されない

出所：大和証券および大和総研作成資料をもとに著者作成

・Bコープ

アメリカの非営利団体「Bラボ」が認定する経営認証です。「B Impact Assessment」などを通じて、ガバナンス、労働者、地域社会、環境、顧客の観点で評価され、審査を通過すれば、Bコープの認証を得られます。もともとあるスポーツ用品会社で社会的な経営施策を実施していたのですが、被買収によって社会的な経営施策が廃止されてしまったため、当時のメンバーがBラボ認証を行う非営利団体を自ら立ち上げることとなりました。2022年時点で、6,123社が認証取得、うち日本は18社[10]。グローバルにおける認知度は高い認証ですが、日本での普及率はまだまだ低いといえるでしょう。

・ベネフィットコーポレーション

ベネフィットコーポレーションは、「営利目的だけでなく、非営利目的だけでもなく、事業所得を生み出すと同時に明確な社会目的を最優先とする企業」と定義され[11]、アメリカの各州法で規定されています。メリーランド州で最初に施行され、2010年10月から2017年12月までの間に、少なくとも7,700社以上が設立、あるいは株式会社等から移行したといわれています。日本の場合、株式会社は「株主のための営利企業」ですが、アメリカではそもそも株式会社の仕組みの中に「社会利益を目的とするものを入れる」という取り組みがあるわけです。2021年10月末時点で、アメリカの7割以上の州でベネフィットコーポレーション設立のための法制度化が進んでいます[12]。

*

どちらも日本では認知度が現状低いですが、今後は要注目だと考えています。たとえば、岸田首相のもと「新しい資本主義」においてベネフィットコーポレーションという新しい会社形態の導入が議論されています[13]。

　ちなみに、既存の株式会社の枠組みの中で、社会の利益を最優先に位置づける取り組みもあります。たとえば、ユーグレナ[14]は、サステナビリティに沿った定款変更（＝サステナビリティへの取り組みの明確化）を行っています。今後、こうした動きが加速する可能性はあるでしょう。

　ただし企業目線でいうと、Bコープやベネフィットコーポレーションを採用したからといって業績が上がるとは限りません。実際、「Bコープの認証を取ったけれど、業績が悪化したからもう取得しない」という企業もあります。Bコープやベネフィットコーポレーションは万全の策ではない、ということも併せて覚えておいていただければと思います。

1/2 ESG 基準と ガイドライン

企業にペナルティが課されるときがやって来る

　前項では、国連グローバル・コンパクトなど「任意」の話を解説してきましたが、ESG情報開示の分野では「法制化」の動きも進んでいます。この点を区別して理解しておかないと、自社がどんな取り組みをすべきかの戦略を立てることができません。

　後述するように、各社がESGの取り組みを自主的に行ってきたことにより、企業間で比較検証できる統一の判断軸が必要となったため、法制化が進んできたのがここ数年の動きです。

　たとえば、日本では2023年1月に「企業内容等の開示に関する内閣府令」の改正が公表され、サステナビリティに関する企業の取り組みを開示することが求められるようになった結果、後述するTCFD（48ページ）に基づく気候変動関連の情報開示が進むことが予想されます。

　ここでは、「ESG情報開示のスタンダードが乱立している状況」[15]といわれた、世界の主要なESG基準開示枠組みの経緯と成り立ちを説明しましょう（**図表1-17**）。

図表1-17：世界の主要な ESG 情報開示枠組みの経緯

公表年	本部所在地	名称	対象となる利用者	組織形態	特徴	主な目的
2000年	ボストン	GRI	マルチステークホルダー	NGO団体	細則主義（※1）	企業が経済・環境・社会に与えるインパクトを特定し、持続可能性報告書として開示する。2016年からは基準をガイドラインからスタンダードに移行
2000年	ロンドン	CDP	投資家など	民間の非営利組織	原則主義（※2）	価総額の高い企業を対象に、気候変動・水・森林に関する長期的質問票を送付し、回答をもとに企業の情報公開や環境活動への取り組みを格付け、公表
2007年	ロンドン	CDSB	投資家など	民間の国際的なコンソーシアム	原則主義	企業の主要な報告書において、投資家に有用な報告書・気候変動情報を開示するためのアプローチを定めたフレームワーク
2010年	ロンドン	IIRC	投資家など	民間の非営利組織	原則主義	財務情報と非財務情報を関連付け、企業がどのように長期的価値を創造するかを説明する統合報告書という開示形態を創出
2011年	サンフランシスコ	SASB	投資家など	民間の非営利組織	細則主義	企業が投資家に対して財務的に重要な持続可能性に関する情報を開示する基準を提供。11セクター、77の業種別に開示項目およびKPIを設定
2015年	ニューヨーク	TCFD	投資家など	金融安定理事会のタスクフォース	原則主義	企業が気候変動に関連するリスク・機会情報を投資家などに対して開示する一貫した枠組みを提供

※1 細則主義……細かく決定された一定のルールに従うことを重視する考え方
※2 原則主義……原理・原則を重視する考え方
※2 再編が進んでいるため、現在は存在しない枠組み（グレー部分）があります。

出所：著者作成

*

・グローバル・レポーティング・イニシアチブ（GRI）

　1997年、国連環境計画の下部機関として、アメリカのボストンで設立されました。設立は米環境NGOによって行われましたが、1989年に米アラスカ沖で発生したエクソンの石油タンカー、バルディーズ号の座礁事故による原油流出で周辺の生態系が大きく影響を受けて、同NGOが立ち上げられた経緯があります。GRIは持続可能な開発のための企業の説明責任を推進することを目的としています。当初は環境面のみを扱っていましたが、2000年に持続可能

性報告のための初の国際ガイドラインを発表し、社会・経済面も扱うようになりました。2002年には、本拠地をオランダのアムステルダムに移し、ガイドラインを更新。世界7カ国に拠点を持っています。

2016年からは、基準をGRIスタンダード（56ページ）に移行しました。企業が経済・環境・社会に与える影響を特定し、持続可能性報告書として開示することを目的としています。

・カーボン・ディスクロージャー・プロジェクト（CDP）

2000年にイギリス・ロンドンで設立された非営利の国際団体です。大手企業を対象に環境活動に関する質問票を送付し、その回答に基づいて環境活動の取り組み状況を評価し、公表しています。

・気候変動開示基準委員会（CDSB）

CDPが主催する団体で、2007年に設立されました。環境・気候関連情報を財務情報と同様に報告するための枠組を企業に提供することを目的に、7つの指導原則を定めたCDSBフレームワークを2015年に公表しています。

・国際統合報告フレームワーク（IIRC）

2010年にGRIなどにより設立されました。2013年に国際統合報告フレームワークを公表。企業が長期的な持続可能な価値創造をどのように行っているかを投資家に伝えるための統合報告書の作成を促進することを目的としています。

・サステナビリティ会計基準審議会（SASB）

2011年にアメリカのサンフランシスコに設立された非営利団体。民間ベースで産業別開示基準の開発に取り組んだ結果、約6年がかりの作業を経て2018年11月に11セクター77業種に関する情報開示の基準を作成しました（SASBスタンダード／詳しくは60ページ）。業種ごとに企業の財務業績に影響を与える可能性の高いサステナビリティに関する課題を特定すること、非財務情報の開示のための方法論を公表することを目的としています。

・気候関連財務情報開示タスクフォース（TCFD）

　2015年、金融安定理事会の要請を受けて設立されました。気候関連情報の開示と気候変動への金融機関の対応を検討することを目的としています。2017年6月に最終報告書を公表し、企業に対し気候変動関連のリスクと機会に関する情報を開示することを推奨しています。2022年6月現在、世界中の3,549の企業・機関がTCFDの提言に賛同の意を示しています。

*

　これら6つのESG情報開示基準は、以下のように大きく3つにカテゴライズできます。

・ESG全般　　　：GRI、SASB
・環境　　　　　：CDP、CDSB、TCFD
・財務会計、投資：IIRC

ESG情報開示基準の「整理・統合化」の動き

前項で紹介した6つのESG情報開示基準は、整理・統合が進められ、わかりやすくお伝えすると、「GRI」と「それ以外」に分かれています。ここでは整理・統合化の動きを見てみましょう。

経緯としては、「ESG情報開示のスタンダードが乱立している状況」で、企業側からは「どの基準を採用すべきか」という混乱が生じ、投資家側も「異なる基準で情報開示する企業を比較することは困難」との不満の声が上がりました。

複数の持続可能性開示基準が混在する状況下、GRIとSASBは2020年7月、持続可能性開示の明確さと基準の互換性を高めるための共同の取り組みを発表しました。

ついで主要な基準作成機関であるCDP、CDSB、GRI、IIRC、SASBは同年9月、より包括的な企業報告に必要となる要素に関する共通のビジョンと、この目標に向けた共同の取り組みを表明しました。

IIRCとSASBは同年11月、統合を発表し、2021年6月に統合を完了。統合後の団体として、価値報告財団（VRF）が設立されました。VRFは、統合報告フレームワークを維持し、企業価値の創出のための持続可能性開示基準を策定する信頼できる国際機関となることを目指しています。

また、国際会計基準設定機関であるIFRS財団は同年11月、新たに国際サステナビリティ基準審議会(ISSB)を設立し、CDSBとVRFを2022年6月までに統合することを発表。また、IFRS財団は2022年1月、CDSBを運営するCDPが同財団に統合されたことを発表しました。

さらに、ISSBは公益のためにIFRS持続可能性開示基準を策定することを目指しており、2023年6月、一般的な持続可能性関連の開示要件と気候関連の開示要件を定める2つのサステナビリティ開示基準を公表しました。IFRS 持続可能性開示基準への統合作業が進められています。

　少々細かい話まで踏み込みましたが、要約すると**図表1-18**のようになります。**図表1-17**の「対象となる利用者」にある通り、GRIだけが「マルチステークホルダー」で、その他は「投資家など」となっています。このためGRIは独自路線を進みつつ、それ以外がISSBに統合するイメージです。

図表1-18：統合に向かう主要な ESG 開示基準枠組み

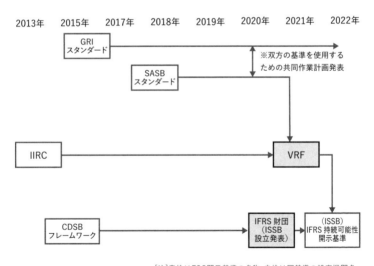

[注]青枠はESG開示基準の名称、赤枠は同基準の設定機関名。
出所：ジェトロ「第Ⅳ章 持続可能な社会を目指す政策とビジネス」

EUでは「ESG開示の法制化」が先行して進行中

　複数のESG情報開示基準が整理・統合化する流れのなかで、EUではESGの法制化がアメリカや日本を先行する形で進んでいます（**図表1-19**）。

　その代表が「企業持続可能性報告指令（CSRD）」であり、今後EU加盟国で法制化が行われます。ダブルマテリアリティ（後述）に基づく報告であること、ESG全般に関する詳細な開示であること、監査法人による外部監査が行われること、など企業に与える影響は大きいです。

　CSRD は、2024年以降に段階的に適用され、2028年には、EUで事業展開している日本企業にも適用される可能性があります。

　ここではCSRDの概要について、制定の経緯や概要について見ていきましょう。

　これまでEUでは、500人を超える従業員を有する企業に対し、NFRD（2018年施行）と呼ばれる指令に基づいて非財務情報の開示が要請されていました。しかし、NFRDの枠組みでは、開示対象企業が限定的である上、開示企業において、情報量の不足や信頼性・比較可能性の不十分さが指摘されていました。

　こうした課題に対処するため、2021年4月、欧州委員会は企業のサステナビリティ情報開示に関する新たな指令として、NFRDの内容を更新・強化したCSRDを提起。CSRDは「指令」と位置付けられており、EUで採択されると各EU加盟国では同様の趣旨の法規則を一定期間内に定めることとなります。

　CSRD提案のポイントは、以下の4点です[16]。

図表1-19：EUにおけるESG開示の法制化

環境	社会	ガバナンス
・気候変動の緩和 ・気候変動への適応 ・水資源・海洋資源 ・資源利用と循環型経済 ・汚染 ・生物多様性と生態系	・平等な機会（同一労働同一賃金等） ・労働条件（ワークライフバランス等） ・人権の尊重	・マネジメント層の役割 ・企業倫理・企業文化 ・ロビー活動等の政治的関与 ・取引先との関係 ・内部統制およびリスク管理

出所：著者作成

①すべての大企業と上場企業が対象
②サステナビリティ情報をマネジメントレポートの中で開示することを義務化
③EUサステナビリティ開示基準(今後策定)に準拠した開示を義務化
④サステナビリティ情報および開示プロセスの保証を義務化

　③の特徴として、「(1) ダブルマテリアリティ適用の明確化」と「(2) 詳細な開示項目に関する規定」が挙げられます。

＊

(1) ダブルマテリアリティ適用の明確化

　ダブルマテリアリティとは、ESG情報を開示する際に、環境・社会問題が企業の事業活動や業績に対して与える影響に加え、企業活動が環境・社会に与える影響という2つの観点から情報の重要性を判断することを指します[17]。NFRDでは曖昧だったため適切に対

応されていない企業もありましたが、CSRD提案ではダブルマテリアリティの適用がより明確になったため、投資家だけでなく広く社会全般に対しての基準が設けられました。

(2) 詳細な開示項目に関する規定

NFRDでは環境、社会、雇用、人権、汚職防止に関連する事項を開示することを定めていましたが、CSRD提案ではさらに詳細な開示項目が定められています。具体的には、以下の5つです。

CSRD提案で求めるビジネスモデルと戦略に含むべき情報
①サステナビリティ関連リスクに対するビジネスモデルと戦略のレジリエンス
②サステナビリティに関する機会
③サステナブル経済への移行等を前提としたビジネスモデルと戦略を実行するための事業計画
④サステナビリティに関するステークホルダーの利益と企業へのインパクトについて、ビジネスモデルと戦略での考慮方法
⑤サステナビリティに関する戦略の実施状況

*

なお、詳細な基準は、欧州財務報告諮問グループ（EFRAG）が開発中です。現状決まっている大枠部分については、**図表1-19**に示した通りです。ダブルマテリアリティに基づき、環境・社会に関する企業の活動やマルチステークホルダーに与えるさまざまなインパ

クトを開示することがわかるかと思います。

日本におけるサステナビリティ基準策定の動き

　前項ではEUにおけるESG情報開示の法制化について解説しました。日本でも法制化までは進んでいないものの、サステナビリティ基準策定はEUと同じような枠組みで進行しています（**図表1-20**）。

　2021年6月に閣議決定された成長戦略フォローアップによると、カーボンニュートラル市場への内外の民間資金の呼び込みの一環として、サステナビリティに関する開示の充実が掲げられています。具体的には、「国際基準の策定に関して、国際会計基準（IFRS）財団における気候変動を含むサステナビリティについての比較可能で整合性の取れた開示の枠組みの策定の動きに、意見発信を含め日本として積極的に参画する」とのことです。

　これを受け、2021年8月、日本からIFRS財団にサステナビリティ

図表1-20：IFRS財団との対応関係

	国際的な基準の開発		我が国における基準の開発	
監督	IFRS財団		FASF	
基準設定主体	IASB	ISSB	ASBJ	SSBJ
目的	・IFRS会計基準の開発	・IFRSサステナビリティ開示基準の開発	・我が国の会計基準の開発 ・国際的な会計基準の開発への貢献	・我が国のサステナビリティ開示基準の開発 ・国際的なサステナビリティ開示基準の開発への貢献

出所：金融審議会 ディスクロージャーワーキング・グループ
「サステナビリティ基準委員会（SSBJ）の概要」

基準の開発への貢献を表明するレターを発出しました。その後サステナビリティ基準委員会（SSBJ）は、財務会計基準機構（FASF ／民間10団体＊により設立された公益財団法人）のもとで、国際的なサステナビリティ開示基準の開発を目的とし、2022年7月に発足しました。

＊当時の経済団体連合会、日本公認会計士協会、全国証券取引所協議会、日本証券業協会、全国銀行協会、生命保険協会、日本損害保険協会、日本商工会議所、日本証券アナリスト協会、企業財務制度研究会の10団体を指す。

1／3　GRI スタンダードと SASB スタンダード

GRIスタンダードとは

　ESG情報の重要性が増すなか、情報開示が進んでいる企業とそうでない企業の格差が拡大しました。またESG情報開示のスタンダードが乱立している状況で、企業側にも混乱が生まれました[18]。

　そのようななか、46ページで解説したように、世界の主要なESG 情報開示枠組みの中でもESG全般について定めており、現在のESG基準の基軸となっているのがGRIスタンダードとSASBスタンダードです。ここでは、この2つについて深掘りして見ていきましょう。

　GRIスタンダードとは、2016年にGRI（46ページ）がそれまでのGRIガイドラインに代わって公表した基準です。経済協力開発機構（OECD）の「多国籍企業行動指針」や、国連の「ビジネスと人権に関する指導原則」など、国際機関の発行文書に示された責任ある企業行動への期待事項に基づいて作成されています。目的は、企業が「持続可能な発展」にどのように貢献し、目指しているかについて透明性を確保すること。ここでいう「持続可能な発展」とは、「将来の世代がそのニーズを満たす能力を損なうことなく現在のニーズを満たす発展」を指します[19]。

図表1-21：GRIスタンダード

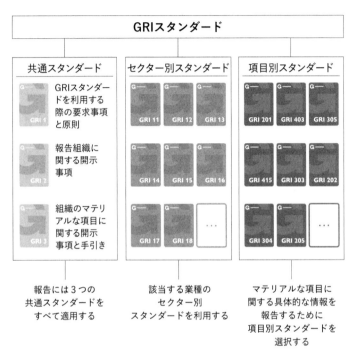

出所：GRI「日本語版GRIスタンダード」

GRIスタンダードは「共通スタンダード（1、2、3）」「セクター別スタンダード（11〜）」「項目別スタンダード（200［経済］、300［環境］、400［社会］シリーズ）」の3つに分かれています（**図表1-21**）。

3つの「共通スタンダード」は、サステナビリティ報告書を作成する全組織に適用されます。また組織が自己にとってマテリアルな項目（経済、環境、社会）について報告を行うため、項目別のスタンダードおよびセクター別のスタンダードは、組織によって報告す

るものを選ぶ形式です。

　また、GRIは2021年10月5日に共通スタンダードの改訂版、2022年10月にその日本語版を公表しました（**図表1-22**）。石油・ガスのセクター別スタンダードの日本語版も公表しています。その他のセクター別スタンダードは執筆時点では英語のみになります。

　日本企業におけるGRIスタンダードの開示は少しずつ増えてきています。開示にはどこまで厳密に対応するのかによって「準拠」と「参照」の2つのパターンがありますが、たとえば、キリンホールディングスは、GRIに準拠する形で、同社の「持続的成長のための経営諸課題」をマテリアリティの高い重点的取り組みとし、「GRI対照表」にて取り組み内容を掲載しています[20]。
　ちなみに、同社の「GRI対照表」を見ていただければわかるように、GRIスタンダードの各種項目はすべて開示する必要はなく、自社に適したものを取捨選択して開示することになります。

図表1-22：日本語版GRIスタンダード（共通スタンダード）

GRI 201	経済パフォーマンス 2016-Japanese
GRI 202	地域経済でのプレゼンス 2016-Japanese
GRI 203	間接的な経済的インパクト 2016-Japanese
GRI 204	調達慣行 2016-Japanese
GRI 205	腐敗防止 2016-Japanese
GRI 206	反競争的行為 2016-Japanese
GRI 207	税金 2019-Japanese
GRI 301	原材料 2016-Japanese
GRI 302	エネルギー 2016-Japanese
GRI 303	水と廃水 2018-Japanese
GRI 304	生物多様性 2016-Japanese
GRI 305	大気への排出 2016-Japanese
GRI 306	廃棄物 2020-Japanese
GRI 308	サプライヤーの環境面のアセスメント 2016-Japanese
GRI 401	雇用 2016-Japanese
GRI 402	労使関係 2016-Japanese
GRI 403	労働安全衛生 2018-Japanese
GRI 404	研修と教育 2016-Japanese
GRI 405	ダイバーシティと機会均等 2016-Japanese
GRI 406	非差別 2016-Japanese
GRI 407	結社の自由と団体交渉 2016-Japanese
GRI 408	児童労働 2016-Japanese
GRI 409	強制労働 2016-Japanese
GRI 410	保安慣行 2016-Japanese
GRI 411	先住民族の権利 2016-Japanese

出所：GRI「日本語版GRIスタンダード」

SASBスタンダードとは

　SASBスタンダードは、SASB（47ページ）が2018年11月に公表した11セクター77業種についての情報開示に関する基準です。業種ごとに企業の財務パフォーマンスに影響を与える可能性が高いサステナビリティ課題を特定しており、Disclosure Topic（開示するトピック）、Accounting Metrics（開示する内容）、Technical Protocols（開示する内容の計算・記載方法に関する説明）、Activity Metrics（企業の活動を示すための定量指標）から構成されています。

　GRIスタンダードでは「すべて開示する必要はなく、自社にとって重要なものを選べばOK」という趣旨を書きましたが、一方のSASBスタンダードでは、セクター・産業ごとに何が重要なのかがすでに設定されています（**図表1-23**）。そのため、自社にとっての重要性が不明瞭な企業にとっては、SASBスタンダードはひとつの尺度になるでしょう。

　とはいえ、**図表1-23**を見ていただくと、一口にESGといってもセクター・産業の状況によって、求められる基準が大きく異なることに気がつくと思います。

　たとえば、「1 消費財」の中の電化製品なら、発火や漏電などの消費者の安全に影響を与えるインパクトが大きいので、「製品安全」にチェックが入っています。一方で、「生物多様性」には関係性が低いので、チェックは入っていません。同じ「環境」というカテゴリーにもかかわらず、セクターによって関係ある・なしが分かれるのです。これは極端にいえば、企業によってESGのとらえ方が変わるということです。

日本企業におけるSASBスタンダードの開示例としては、GRIと同様キリンホールディングスの「SASB対照表」が参考になります[21]。SASBスタンダードの規定上、「アルコール飲料」と「ノンアルコール飲料」に分けられており、GRIスタンダードとは異なり、「割合」「金額」など、開示する内容が定量的なことが特徴といえます。

＊

　第1章では、ESG誕生の経緯、ESGが企業にどのような影響を与えているのか、また投資家を中心とするステークホルダーが企業を評価するためのESG開示基準について見てきました。

　断片的には知っている内容だったかもしれませんが、まずはESGの経緯と基本的な内容は、ぜひ押さえてほしいと思います。

図表1-23：SASBスタンダード

	I 消費財	II 抽出物・鉱物加工	III 金融	IV 食品・飲料	V ヘルスケア
	アパレル 電化製品 建築・家具 Eコマース 日用品 小売・流通 玩具・スポーツ用品	石炭 建築資材 鉄鋼 鉱業	資産管理 銀行 消費者金融 保険 投資銀行・証券 投住宅ローン 証券・商品取引所	農産物 アルコール飲料 食品小売 食肉 乳製品 非アルコール飲料 加工食品 レストラン たばこ	バイオ・医薬品 ドラッグストア 介護 医薬品卸 マネージド・ケア 医療機器
GHG排出量		◎		◎	○
大気質		◎			
エネルギー管理	○	○		◎	○
水および排水管理	○	◎		◎	
廃棄物および有害物質管理		◎		○	○
生物多様性影響		◎		○	
人権および地域社会との関係		○			○
顧客プライバシー	○		○		
データセキュリティ	○		○	○	◎
アクセスおよび手頃な価格			○		◎
製品品質・製品安全	◎			◎	◎
消費者の福利				◎	◎
販売慣行・製品表示			◎	◎	◎
労働慣行	○	○		○	
従業員の安全衛生		◎		○	○
従業員参画・ダイバーシティ	○		○		○
製品およびライフサイクルへの影響	◎	○	◎	◎	○
ビジネスモデルの強靭性		○			
サプライチェーンマネジメント	◎	○			○
材料調達および資源効率性	○			◎	
気候変動の物理的影響			○	◎	○
事業倫理		○	◎		◎
競争的行為		○			
規制の把握と政治的影響		○			
重要インシデントリスク管理		◎			
システミックリスク管理			◎		

VI インフラ	VII 再生可能資源・代替エネルギー	VIII 資源転換	IX サービス	X 技術・通信	XI 運輸
電力 エンジニアリング・建設 ガス 住宅建築 不動産 廃棄物処理 水道	バイオ燃料 森林管理 燃料電池・産業用バッテリー・紙・パルプ 太陽光エネルギー 風力エネルギー	航空宇宙・防衛 化学 容器・包装 電気・電子機器 産業機械・機器	広告・マーケティング カジノ・ゲーム 教育 ホテルレジャーメディア 専門・商業サービス	開発・製造受託 ハードウェア ネットメディア 半導体 ソフトウェア・IT 通信	航空貨物 航空 自動車部品 自動車 レンタカー クルーズ船 海運 鉄道 道路
○	○	○		○	◎
○	○	○			◎
○	◎	◎	○	◎	○
○	◎	○	○	○	
○	○	◎		○	○
○	○		○		○
	○	○			
			○	◎	
		○	○	◎	
○					
○		◎	○		○
			○		
			○		
○			○	○	○
◎	○	○	○	○	◎
			○	◎	
◎	◎	◎		◎	○
◎					
	○	○		○	○
○	◎	◎		◎	○
○	○		○		
○		○	○		○
			○	◎	○
	○	○			
○	○	○			◎
○				○	

出所：著者作成

第1部　ESGとは何か

第 2 部

ESGリスクマネジメント

サステナビリティ文脈から
あるべきリスクマネジメントを考える

ESGで大事なのは、「環境」と「人権」

　第1部では「ESGとは何か」と題し、ESGの経緯やESGが注目される背景、ESGの基準とガイドラインなどについて基礎知識を中心に解説しました。

　第2部ではそこから一歩踏み込み、ESGリスクの具体的内容やその対策、さらにセクター／業種における事例など、ESGに関するリスクマネジメントを説明します。

　最初に読者の皆さんと共有したいのは、そもそも世界的に見てどのようなリスクが懸念されているのか、ということです。これは参照するデータによっても意見が分かれるところですが、本書では通称「ダボス会議」で広く知られるWEF（World Economic Forum ／世界経済フォーラム）が毎年公表している「グローバルリスク報告書」をもとに話を進めます。

　同報告書によると、重要度の高いグローバルリスクは**図表2-1**の通りです。2023年のトップ10のうち、1〜4、6、10位は環境、5、7位が社会、8位がテクノロジー、9位は地政学に分けられます。ESGの観点で言い換えれば、重要度が高いグローバルリスクのカテゴリーは、1位が「環境」で、次点で「人権（社会）」となります。

　このランキングは毎年公表されており、年ごとに若干中身も変わっていますが、直近の3年程度は環境関連のリスクが上位にきています。これが、一般に「ESG対応＝環境対応」と思われる要因のひとつといえるでしょう。

図表2-1：グローバルリスクの重要度ランキング（直近10年）

2014	
1	主要国の財政危機
2	失業または不完全雇用
3	水危機
4	深刻な所得格差
5	気候変動の緩和や適応への失敗
6	異常気象
7	グローバル・ガバナンスの失敗
8	食料危機
9	金融メカニズムの破綻
10	深刻な政治的および社会的不安定

2015	
1	水危機
2	感染症の広がり
3	大量破壊兵器
4	国家間紛争
5	気候変動への適応失敗
6	エネルギー価格の急激な変動
7	重要情報インフラの故障
8	財政危機
9	失業または不完全雇用
10	生物多様性の喪失と生態系の崩壊

2016	
1	気候変動への適応失敗
2	大量破壊兵器
3	水危機
4	大規模な非自発的移住
5	エネルギー価格の急激な変動
6	生物多様性の喪失と生態系の崩壊
7	財政危機
8	感染症の広がり
9	資産バブル
10	深刻な社会不安

2017	
1	大量破壊兵器
2	異常気象
3	水危機
4	巨大自然災害
5	気候変動の緩和や適応への失敗
6	大規模な非自発的移住
7	食料危機
8	テロ攻撃
9	国家間紛争
10	失業または不完全雇用

2018	
1	大量破壊兵器
2	異常気象
3	巨大自然災害
4	気候変動の緩和や適応への失敗
5	水危機
6	サイバー攻撃
7	食料危機
8	生物多様性の喪失と生態系の崩壊
9	大規模な非自発的移住
10	感染症の広がり

2019	
1	大量破壊兵器
2	気候変動への適応（あるいは対応）の失敗
3	異常気象
4	水危機
5	自然災害
6	生物多様性の喪失や生態系の崩壊
7	サイバー攻撃
8	重要情報インフラの故障
9	人為的な環境破壊
10	感染症の広がり

2020	
1	気候変動緩和策の失敗
2	大量破壊兵器
3	生物多様性の喪失
4	異常気象
5	水危機
6	重要情報インフラの故障
7	自然災害
8	サイバー攻撃
9	人為的な環境破壊
10	感染症の広がり

2021	
1	大量破壊兵器
2	国家の崩壊または危機
3	生物多様性の喪失や生態系の崩壊
4	テクノロジー進歩による悪影響
5	天然資源危機
6	社会保障制度の崩壊または欠如
7	国際機関の崩壊
8	国際的に重要な産業や企業の崩壊
9	気候変動への適応（あるいは対応）の失敗
10	科学への反発の広がり

2022	
1	気候変動への適応（あるいは対応）の失敗
2	異常気象
3	生物多様性の喪失や生態系の崩壊
4	社会的結束の侵食と二極化
5	生活破綻（生活苦）
6	感染症の広がり
7	人為的な環境破壊
8	天然資源危機
9	債務危機
10	地政学的対立

2023	
1	気候変動緩和策の失敗
2	気候変動への適応（あるいは対応）の失敗
3	自然災害と極端な異常気象
4	生物多様性の喪失や生態系の崩壊
5	大規模な非自発的移住
6	天然資源危機
7	社会的結束の侵食と二極化
8	サイバー犯罪の拡大とサイバーセキュリティの低下
9	地政学的対立
10	大規模な環境破壊事象

出所：World Economic Forum Global Risks Perception Survey

ESGリスクマネジメントの必要性

前項で紹介したグローバルリスクは、国際社会が重視すべきリスクでしたが、「企業が対応すべきリスク」という視点でとらえると、どうでしょうか。

ESGリスクの広がりは近年急速に加速しており、企業のリスク管理、内部監査、ガバナンス、企業風土にも重きを置くことが求められています。そのような環境下において、ERM（統合型リスク管理）の重要性が高まっており、COSO（米トレッドウェイ委員会支援組織委員会）は、独自のフレームワークを公表しています（**図表2-2**）。このフレームワークに対応することが、ESGリスクの低下や企業価値の毀損防止などに密接に関係しているといえるでしょう。

図表2-2：COSOのERMフレームワーク

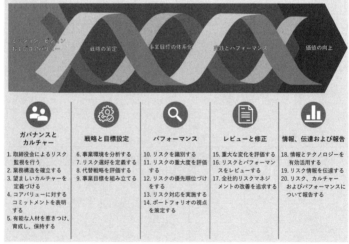

出所：COSO, wbcsd「全社的リスクマネジメント エグゼクティブ・サマリー 2018年10月」

ちなみに、2023年4月に内部統制基準の改定の意見書[0-1]が公表されました。改定のひとつとして、内部統制の目的の変更があり、サステナビリティ開示が今後進展することが想定され、「財務報告の信頼性」から「報告の信頼性」へと報告の対象が拡大しました。つまり、リスク管理や開示の観点で、企業がESG・サステナビリティについて積極的に取り組むことの必要性が高まっているといえます。

ESGリスクとコーポレートガバナンス

　ESGに関するリスクマネジメントをどのように実践するのかを考えるうえで、我が国におけるコーポレートガバナンス・コードの原則から企業に求められることを確認しておきましょう。

　コーポレートガバナンス・コードは「実効的なコーポレートガバナンスの実現に資する主要な原則を取りまとめたもの」であり、同原則の実践は、会社、投資家、社会経済の発展に寄与するものと位置づけられています。

　コーポレートガバナンス・コードの【基本原則2】*においては、ESG要素を含む中長期的な持続可能性に取り組むことは、中長期的な企業価値創出をもたらし、会社自身の利益につながることが記載されています。投資家によるESGを加味した投資行動が、コーポレートガバナンス・コードを通じて、企業の取締役会・経営陣に対してESGの取り組みを促進させていることがわかります。

　＊コーポレートガバナンス・コードの【基本原則2】：「持続可能な開発目標」（SDGs）が国連サミットで採択され、気候関連財務情報開示タスクフォース（TCFD）への賛同機関数が増加するなど、中長期的な 企業価値の向上に向け、サステナビリティ（ESG要素を含む中長期的な持続可能性）が重要な経営課題であるとの意識が高まっている。こうした中、我が国の企業においては、サステナビリティ課題への積極的・能動的な対応を一層進めていくことが重要である。上場会社が、こうした認識を踏まえて適切な対応を行うことは、社会・経済全体に利益を及ぼすとともに、その結果として、会社自身にもさらに利益がもたらされる、という好循環の実現に資するものである。

ESGリスクとは何か?

　ここまで「ESGリスク」という言葉を使ってきましたが、これはどういう意味なのでしょうか。

　ESGリスクには、普遍的または合意された定義が存在しません。ただし、**図表2-2**のフレームワークの出所元である「全社的リスクマネジメント　エグゼクティブ・サマリー」（COSO, wbcsd）では、次のように説明されています。

　サステナビリティ会計基準審議会（SASB）やグローバル・レポーティング・イニシアチブ（GRI）などの組織もまた、ESGの定義に照らせば把握できるかもしれない潜在的な問題のリストを提供している。

　すなわち、SASBとGRIの開示基準（＝SASBスタンダード／60ページ、GRIスタンダード／56ページ）はESGリスクを推し量るうえで重要な指標のひとつだということです。ですので、ESGリスクを考える際は、SASBスタンダード、GRIスタンダードを軸に対策を考えておくのが優先順位として高く、まずは取り組むべきことだといえます。

　さて、いよいよ次からは第2部のメインテーマです。
　「はじめに」にも載せましたが、SASBスタンダードとGRIスタンダードをもとに、ESG関連のリスクと特に関係するセクターや業種をまとめた図を再掲します（**図表2-3**）。このうち、社会（S）とガバナンス（G）に絞り、リスクの具体的内容や企業が特に理解し

てほしい対策内容を以下の4パートに分けて解説します。

1. 贈収賄・反競争的行為
2. セキュリティ・プライバシー
3. 人権・労働
4. 品質・マーケティングなど

　各テーマ内では、概ね以下(1) ～ (3)の流れで構成しています。ESGやサステナビリティを中心に企業経営が行われているなかで、リスク管理として今求められることは何か、あらためて確認いただければと思います。

(1) リスクの概要と社会に与えた影響
(2) ESGの観点で企業に求められること
(3) ESGリスクマネジメントの実践

図表2-3：ESG関連のリスクと関係する業種／セクター

ESG		リスクマネジメント
E/S/G	内容（例示）	ESG関連のリスク
E	気候変動の適用・緩和	廃棄物
	資源の枯渇	
	資源利用と循環型経済	水資源
	森林・水資源	環境
	生物多様性	
S	人権尊重	労働
	現代奴隷制	
	児童労働	
	労働条件	プライバシー
	従業員関係	
	顧客関係	
G	贈賄および腐敗	贈収賄・汚職
	役員報酬	競争法的行為
	取締役会の多様性	セキュリティ
	ロビー活動および政治献金	
	税務戦略	
	リスク管理・内部統制	品質
		マーケティング
PRI、CSRD		ERM COSO

	特に関係するセクター／業種
流出事故の件数、集計量、回収量	電気電子機器、航空宇宙・防衛
有害廃棄物の発生量、リサイクル率	半導体、電気部品受託、建設資材、鉄鋼、化学
水質に関する許認可・基準・規制の不適合災害件数	金属・鉱業、化学、包容・容器、食料加工、石炭、バイオ燃料
プロジェクトにおける環境許認可、基準および規制違反件数	エンジニアリング・建設
労働法違反、雇用差別に関連する訴訟等による損失	小売、卸売、ホテル・宿泊、航空貨物・物流
ストライキやロックアウトの回数および期間	金属・鉱業、石炭
労働災害の件数や発生率、作業停止日数	食品小売・流通、電気部品受託、エアライン、自動車
顧客・消費者のプライバシーに関する訴訟等による損失額	医薬品、医療提供、広告・マーケティング、電気通信サービス、ソフトウェア・ITサービス、消費者金融
法令違反による損失	医薬品、医療機器、エンジニアリング・建設、航空宇宙・防衛、電気電子機器、海運
法令違反による損失	エンジニアリング・建設、電気電子機器、電気通信サービス、自動車部品、半導体、ソフトウェア・ITサービス、インターネットメディア
データ漏えい件数、法令違反の件数・損失	医療提供、電気電子機器、電気通信サービス、ソフトウェア・ITサービス、商業銀行
機密情報漏えい割合	プロフェッショナルサービス（コンサルティング等）
不正カード利用による損失	消費者金融
リコール件数、法令違反の件数・損失	医薬品、医療機器、家電製品、食品小売、食品加工、電気電子機器、航空宇宙・防衛、自動車、自動車部品、おもちゃ・スポーツ用品
製品欠陥の改修費用	エンジニアリング・建設
法規制や自主規制違反件数、訴訟等による損失額	医薬品、医療機器、食品小売、食品加工、飲料、教育、保険

ESG基準（GRI、SASB）

出所：UNGC「責任投資原則」と JICPA "Global Sustainability Insights" をもとに著者作成

2/1 贈収賄・反競争的行為

　グローバル化が進行する現代において、贈賄、汚職、反競争的行為などの法規制違反に関するリスクは、企業にとって一大問題であることは周知のことと思います。これらの法規制に違反した場合、数十億から数百億単位の罰金が科せられるケースもあり、加えて調査および改善に多大なコストが発生するためです。

　それでは、ESGの観点では、企業に何が求められるのでしょうか。企業に求められることを理解するためには、何を学ぶ必要があるのでしょうか。

　まずは、贈収賄防止・競争法の経緯・内容から、社会に与えてきた影響について振り返ります。次に、どの業種・セクターが一般的にマテリアリティがある（重要度が高い）のか、それはなぜなのかを解説します。

　最後に、ステークホルダーとの対話のために、あらためて確認してほしいことを述べます。

腐敗・贈収賄

まずは腐敗・贈収賄の解説から始めましょう。

(1) 定義および現状と国際的な取り組み

●腐敗とは

腐敗とは、「自己及び自己に関連した私的利益の誘導に、他と差別的かつ不公平な手段で、公職あるいは公的影響力を利用する行為」[1-1]と定義されています。そのなかでも、「贈賄」とは公務員に対して賄賂を送ること（またはその要求、約束をすること）、収賄とは公務員が賄賂を受け取ること（またはその要求、約束をすること）を指します。

汚職は、議員や公務員など公的立場にある者が、自身の地位や権限を悪用する行為です。横領、不作為、収賄、天下りなどが含まれます。国際法、特に国際連合の腐敗防止条約では、汚職は「腐敗」の一形態とみなされています。

なお、前述のレポート（「腐敗の要因分析と対策における国際協力」）では、腐敗を「行政的腐敗」「小規模政治腐敗」「構造的腐敗」「国際的腐敗」の4つの型に分類しています。

腐敗と聞くと、「法律で定められているから、あるいは財務的な損失を被らないためにも対応しなくてはならない」と考える読者も少なくないと思います。

しかし大切なのは、「社会にとって負のインパクトをもたらす企業活動であれば、それを開示して、しかるべき社会の評価を得る」

ということです。逆にいえば、腐敗や贈収賄は個別企業の問題でなく、広く社会に負の影響を与えかねない問題だからこそ、国際的なフレームワークの中で厳しく取り締まられているといえます。

　腐敗は、自由経済の喪失、さらには人権問題にも発展する可能性があります。一例を挙げると、2018年の国連安全保障理事会の会議で、国連のアントニオ・グテーレス事務総長は、腐敗が世界経済に大きな打撃を与えていると指摘しました。腐敗による損失は、少なくとも年間2兆6,000億ドルに上り、この額は世界の国内総生産（GDP）の5％に匹敵するとのことです。

　このように、腐敗は「個別企業の問題」ではなく「国際的な問題」であるため、目線を上げて取り組むことが大切だといえます。

● 腐敗防止が国際的な問題となった経緯は？

　では、腐敗防止が世界的な問題になったのはいつごろなのでしょうか。かつて腐敗防止は、その国の中で完結している問題でした。しかし、1976年にロッキード事件＊などの賄賂事件をきっかけに、アメリカでは1977年に「海外腐敗行為防止法」が制定されました。

　この法律では、主に2つの内容を有しています。ひとつは外国公務員に対する賄賂の支払いを禁止する贈賄禁止条項、もうひとつは証券取引法に基づく会計の透明性を要求する会計条項です。

　1990年代からは、経済のグローバル化、冷戦終結後の政治の民主化・透明性の向上、そして情報化社会の発展に伴い、腐敗問題が全世界共通の問題として注目を集めるようになりました。政治の腐

＊ロッキード事件とは、1976年（昭和51年）に明るみに出た世界的な大規模汚職事件。アメリカの航空機メーカー、ロッキード社が日本の政治家、役人、企業幹部に大量の賄賂を贈り、旅客機の発注を得ようとした。元総理の田中角栄も逮捕されるなど、日本社会に大きな衝撃を与えた。

敗を防ぐため、また政治倫理を守るために、さまざまな国際組織や国際的な非政府組織（NGO）などが一緒になって活動を始めました。

　ちょうどこの頃、1993年に設立されたのが「トランスペアレンシーインターナショナル」です。世界銀行の東アフリカ地域担当局長として腐敗の実態を目の当たりにしたペーター・アイゲン博士が、世界銀行退職後に創設したNGO組織です。

「政府、ビジネス、市民社会および人々の日常生活から腐敗が除去された世界」をビジョンとし、汚職との闘い、透明性、説明責任、公正さを促進するために、教育、調査、政策提言、地域ネットワークの開発など、多岐にわたる活動を行っています。

　トランスペアレンシーインターナショナルは、公共部門の腐敗に対する認識を測定するための「腐敗認識指数」（Corruption Perceptions Index：CPI）を毎年発表しています（**図表2-1-1**）。この指数は、それぞれの国や地域の汚職の程度を評価するもので、世界銀行やアフリカ開発銀行、国際経営開発研究所など著名機関が、専門家やビジネス関係者を対象に行った調査を基礎にしています。

　その後の1997年、欧州評議会の閣僚委員会は「腐敗防止のための20の指導原則」を採択しました。ここでは、国内外の腐敗行為を犯罪化するための協調、腐敗犯罪捜査等を行う当局の独立性の確保、メディアの自由、腐敗が組織犯罪や資金洗浄と絡んでいないかを考慮すること、腐敗対策における最大限の国際協力などの原則が列挙されています。

　また、同じく1997年、アメリカのみが自国の多国籍企業を規制するのでは国際的競争力が低下することから、アメリカの強い働きかけによって「海外腐敗行為防止法」を基にした「国際商取引にお

ける外国公務員に対する贈賄の防止に関する条約（略称：OECD外国公務員贈賄防止条約）」が採択され、日本も翌年の1998年にこれに署名しました。2017年10月時点 47カ国が署名しており、これにはOECD 構成国以外も含んでいます。

OECD外国公務員贈賄防止条約には、アメリカ国内法である海外腐敗行為防止法の内容を反映する規定が見られるものの、各締約国が行う捜査や刑事手続等に関する司法共助(第9条)、犯罪人の引渡し(第10条)といった多国間条約としての規定もあります。

その後の2005年、国際連合が「腐敗の防止に関する国際連合条約（略称：国連腐敗防止条約)」を発効しました（採択は2003年）。

図表2-1-1：腐敗認識指数 国別ランキング（2022年）

1位	デンマーク
2位	フィンランド
2位	ニュージーランド
4位	ノルウェー
5位	シンガポール
5位	スウェーデン
7位	スイス
8位	オランダ
9位	ドイツ
10位	アイルランド
18位	**日本**
176位	イエメン
177位	ベネズエラ
178位	南スーダン
179位	シリア
180位	ソマリア

出所：Transparency International, Corruption Perceptions Index 2022

この条約の前文には、「腐敗は、もはや地域的な課題でなく、あらゆる社会と経済組織に影響を及ぼす国境を超えた現象であり、腐敗を防止し抑制するための国際協力が不可欠となっている」という問題意識が示されています。

国連腐敗防止条約は、腐敗と闘うための国際的な法的枠組みであり、国際社会が共同で取り組む腐敗防止の基本的な指針です。国家間の協力、情報交換、技術支援を通じて、腐敗の予防、犯罪捜査、起訴、資産回収を促進することを目的としています。

加盟国は、腐敗行為の予防策を講じるだけでなく、透明性と説明責任を確保し、国内外の捜査や訴追を効果的に行うための法的手段を提供することが求められます。また、資産回収の規定も含まれており、犯罪によって得られた資産を元の国に返還するための協力が促されています。

●腐敗防止の国際的な取り組みの内容と日本への影響

ここで、腐敗防止に関して現状どのような国際的取り組みがあるのかを一覧にまとめると、**図表2-1-2**のようになります。

図表2-1-2：腐敗防止の国際的な取り組み

国際社会における取り組み	概要
トランスペアレンシーインターナショナル	腐敗行為を撲滅するために100を超える国々で展開されているグローバルな運動。政財界のあらゆる分野でより高い透明性と誠実さが示されることを強く求め、腐敗行為を助長するシステムやネットワークを暴くことに取り組んでいる。
国連グローバル・コンパクト	国連グローバル・コンパクトは、サステナビリティに関するいくつかの主要分野でさらに責任を持って行動するためのフレームワークを企業に提供する自発的なイニシアチブ。国連グローバル・コンパクトの10番目の原則は、あらゆる形態の腐敗行為と積極的に闘うことを企業に求める。
腐敗の防止に関する国際連合条約	国連腐敗防止条約は、法的拘束力を持つ唯一の国際的な腐敗防止協定。民間部門での贈収賄、影響力に係る取引、職権濫用、およびさまざまな腐敗行為を対象としている。
国連の持続可能な開発目標16	国連の持続可能な開発目標16 – 平和と公正をすべての人に – この目標は、腐敗行為、贈収賄、窃盗、脱税などの違法行為により、発展途上国に年間約1.26兆ドルもの損害がもたらされているという事実を踏まえて制定された、腐敗行為防止の方針。
OECD国際商取引における外国公務員に対する贈賄の防止に関する条約	経済協力開発機構（OECD）は、国際商取引における外国公務員に対する贈賄防止に取り組む条約を設けている。これは、企業が腐敗行為の防止に取り組み、誠実さを促進することを、各国政府が国として取り組むことをサポートする、初めての国際的な条約。

出所：著者作成

　前述したように、多国籍企業の台頭などによって、腐敗防止に対する多国籍企業への取り組み要請が高まっています。

　このようななか、国際監視のもとで日本の法規制強化にもつながっています。1998年9月、日本では「不正競争防止法」の改正により外国公務員等への不正な利益供与の禁止が法制化されました。違反者は、現行規定では、5年以下の懲役もしくは500万円以下の罰金に処され、またはこれらが併科されます。

　また図表内には記載していませんが、日本は「国際商取引における贈賄作業部会」に加盟しています。作業部会では、「国際商取引における外国公務員に対する贈賄の防止に関する条約」の実施状況を

監視し、促進する役割を担っています。

　こうしたOECDの作業部会による条約実施法の審査や他の締約国の実施状況を踏まえ、作業部会に加盟している日本でも、2001年の不正競争防止法改正により規制範囲が拡大され、さらに2004年の同法改正により国民の国外犯処罰規定が設けられました。このように国際的な腐敗防止の取り組みは、日本の法律にも大きく影響していることがわかります。

（2）ESGの観点で企業に求められること

●ESG開示基準による要請

　第1部では、GRIスタンダード[1-2]とSASBスタンダードを中心に解説しましたが、ここからは贈収賄・腐敗において具体的にどのようなことが規定されているのかを見ていきましょう。

　まず、「なぜ腐敗防止が重要なのか」を改めて考えると、次の理由が挙げられます。

> ・腐敗が関連して生じるマイナスのインパクトは大きく、途上国の貧困、環境破壊、人権侵害、法の支配の弱体化など広範に及ぶ
> ・企業は市場や国際基準、ステークホルダーから、誠実性、ガバナンス、責任あるビジネス慣行などに従って活動を行うことを求められている

　では、企業には具体的に何が求められているのでしょうか。とり

わけ腐敗防止が重要（マテリアル）である場合、以下の内容を企業からステークホルダーに開示することが求められます。

> ・腐敗防止のマネジメントの方法
> ・腐敗に関するリスク評価として、対象範囲（事業所）を特定したリスク
> ・腐敗防止の方針・手順に関する従業員等への通知や研修
> ・実際の腐敗事例として、社内処分、契約破棄、訴訟等の件数や内容

●業種ごとに求められる取り組み

　腐敗の問題は、セクター／業種ごとに、インパクトの影響度・発生可能性が異なるため、マテリアリティは企業自身が評価し、重要性の判断を行うことが原則です。ただし、SASBスタンダードでは、セクター／業種ごとに、「どのインパクトがマテリアリティとして一般的に高いのか」が示されているため、参考となります。次ページ以降では、SASBスタンダードに基づくマテリアリティを見ていきますが、SASBスタンダードの和訳だけでは少しわかりづらいため、解説と参考事例も併せて付記します。参照ください。

セクター：インフラストラクチャー
業種 　　：エンジニアリング・建設サービス

　エンジニアリング・建設サービスでは、社会インフラなどの公共事業を通じて、人々の豊かで安全・安心な暮らしの実現に貢献しています。そのために、公務員と良好な関係性を持ち、公共部門からの信頼を得ることで、受注を獲得する必要があります。特に新興国では、78ページの腐敗認識指数にある通り、贈収賄リスクが高い事業環境といえます。さらに、企業としては大型プロジェクトに関する情報を先んじて把握したいため、現地の代理人やコンサルティング会社と接触する場合もあり、当該代理人やコンサルティング会社から金銭を要求されるケースもあります。

　SASBでは、企業が腐敗リスクの高い国でどの程度事業を行なっているのを開示することを要求しています。具体的には、トランスペアレンシーインターナショナル腐敗認識指数（CPI）の下位20カ国での進行中のプロジェクトの件数とバックログ（進行中にプロジェクトに係る潜在的な収益金額）を開示することを求めています。

業界の特色　　　　　　　　　　　　　　　　　SASB

・グローバルに事業展開し、新興国でビジネスを行う
・契約やプロジェクトの遂行にあたり現地代理人や下請業者が関与
・プロジェクト許可や契約に公的機関が関与

第2部　ESGリスクマネジメント──サステナビリティ文脈からあるべきリスクマネジメントを考える

・当局からの入札制限（＝プロジェクト参加機会の剥奪）による収益低下、株価低下

事例*：大手エネルギー企業幹部社員による贈賄事件[1-3]

　タイの火力発電所の建設工事を受注していた大手エネルギー企業は2015年2月、資材陸揚げ用仮桟橋の建設許可を取得する際、海上運搬船（はしけ）の上限総トン数を誤って申請していたことに目をつけられ、タイ運輸省港湾支局長や海上警察幹部ら現地公務員から2,000万バーツ（約8,000万円）の賄賂を要求されました。

　建設プロジェクトの資材が適時に運ばれないと、納期の遅れが発生し、発注者からの違約金が問題となる――。このような厳しい状況下、同企業の本社のプロジェクトおよび調達部門の責任者は、巨額の遅延損害金を支払うよりも、要求に合わせて賄賂を提供するという選択を下しました。結果として、この港湾支局長に1,100万バーツ（約4,000万円）相当の賄賂が提供されました。

　しかし関係者の内部通報により、同企業の本社はこの問題を認識。不正競争防止法に基づき「外国公務員への贈賄」を禁じている日本の法律に触れる可能性があるため、同社は自主的に東京地検に情報を開示し、調査に全面的に協力を約束しました。

＊ここでは、業界のリスクをわかりやすく説明することを目的として、報道やHPサイト等を参照元とし、公表時点における掲載内容を記載しています（以降同様）。

　電子機器の開発、製造、販売を営む企業は、競争が激しい業種のひとつであり、「先進国の企業がグローバルのマーケットニーズに対応するため、新興国のマーケットに進出する」という成長戦略を採っているケースが多く、一般的に海外売上高比率が高いといえます。また、新興国ビジネスの割合の高さから、他のセクター・業種に比べて、米司法省など規制当局から監視されており、贈収賄・腐敗について摘発されるリスクが高いのも特徴です。

　SASBでは、デューデリジェンス等による対策などを織り込んだ贈収賄防止に関する方針、バリューチェーンにおける贈収賄リスク評価、法律違反に関する金銭的損失の総額の開示を求めています。

業界の特色　　　　　　　　　　　　　　　SASB

・新興国でビジネスを行っているため、規制当局の監視を受けやすい

・実際に、米国海外腐敗行為防止法(FCPA)や英国賄賂法の制裁を受けている

企業にもたらす負の影響　　　　　　　　　SASB

・当局からの入札制限（＝プロジェクト参加機会の剥奪）による収益低下、株価低下

事例：電機メーカーグループ子会社による海外汚職と不正会計
**　　　違反[1-4]**

　航空機向けの娯楽システムを提供する電機メーカーグループの米子会社は、中東と報道されている国営航空会社との7億ドル規模の契約成立のため、政府関係者を自社の顧問として雇用しました。実態は、ほとんど勤務実態がなく、無関係の第三者を使って支払うことでその報酬を隠していたため、米証券取引委員会（SEC）はこれを賄賂に当たると判断。電機メーカーグループは、子会社の海外腐敗行為防止法違反と不正会計違反で、計2億8,060万ドルの制裁金を科されました。

　さらに、SECは同社の会計処理について調査し、同社が2012年の4月から6月の決算期において、8,200万ドルの売上を不正に申告したと指摘。当該売上処理が不正会計に該当するとされました。これに対して、同社は不適切に得られた利益の返還などを含めて合計で1億4,320万ドルの支払いを行うこととなりました。

```
┌─────────────────────┐
│ セクター：運輸        │
│ 業種　　：海運        │
└─────────────────────┘
```

　海運業は、コンテナ船、バルク船、タンカーなどの船舶を保有し、各国の港を往航することを通じて、資源、中間財、製品などの多種多様な貨物を世界各国に運び、グローバルの物流インフラを支えています。社会インフラのひとつである港湾は国や地方が運営しており、船を停めたり貨物を届けたりする場合には港湾の許可が必要です。その際、その職員が自らの立場を利用して、ファシリテーションペイメントと呼ばれる領収書の出ない金員を要求することが、特に新興国を中心として行われやすく、贈収賄・腐敗が起こりやすい業種のひとつといえます。

　SASBでは、トランスペアレンシーインターナショナル腐敗認識指数（CPI）の下位20か国にある港への寄港数等の開示を求めています。

業界の特色　`SASB`

・許可の取得、貨物通関、停泊のためにファシリテーションペイメントのビジネス慣行が一部地域にはある

企業にもたらす負の影響　`SASB`

・法律の施行による一時的なまたは継続的なコスト増
・資本コストが増加し、ソーシャルライセンス（社会的営業免許）への悪影響

事例[1-5]**：ピパバ港（インド）　コンテナ船（2018年）**

　税関職員が、「乗組員の申告書と船用品の申告書に誤りがあった」と主張。さらに、現金かタバコを渡すよう要求し、さもなければ罰金を科すと乗組員に要求しました。

事例[1-6]**：ラゴス港（ナイジェリア）　オフショア建設船（2015年）**

　ナイジェリアのラゴスで停泊中に、NIMASA（ナイジェリア海事管理安全局）および移民局、警察、PSCO（外国船舶監督官）が立ち入り検査に乗船しました。そして現金を払わなければ船を拘留すると脅し、その間に当地（ナイジェリアのラゴス）の代理店が多少の現金を支払うことで話をつけました。

セクター：ヘルスケア
業種 ：医療機器・医療用品

　医薬品や医療機器は、人間の体に与える影響が大きい製品・サービスのひとつです。そのため、国民の安全・安心を守るため、製造・販売を行うには国や地域における許認可を得る必要があります。また、商品開発や販売プロモーションのために、国立病院の医者と接触する場合もあります。そのため、医療機器・医療用品の業界では、贈収賄・腐敗を防止するための厳しい法律が各国の法規制として制定されており、さらに業界独自のコンプライアンスコードを設けています。

　SASBでは、医療機器・医療用品の企業に対して、行動規範の概要と対象範囲（適用される社員割合）、社員に対する教育・トレーニング、内部通報制度、モニタリング、内部監査などのコンプライアンス遵守体制の開示を求めています。

業界の特色　　`SASB`
　・国際法、国内法の対象

企業にもたらす負の影響　　`SASB`
　・高額な罰金、課徴金

事例：医療機器メーカーによる大学病院での汚職事件[1-7]

　某大学医学部附属病院の臨床麻酔部長だった元教授は、医療機器メーカー側に入札で便宜を図った見返りに、自身が代表理事を務める一般社団法人の口座を通じて200万円を受領した疑いがあるとの報道がありました。

　警察は、元教授が同医療機器メーカーの責任者に対し、医療機器の更新計画の存在を伝え、「自由に使用可能な資金が必要だ」として賄賂を提案し、振込額を指示したと推測しています。

　同社はこの資金を用意するため、同社製品を病院に提供していた販売業者に対し、製品を市場価格より低く供給。その差額などは、この業者から、元教授が代表理事を務める非営利団体の口座に振り込まれたと見られています。警察は、この販売業者が特別な利益を得ていなかったと考えています。

　元教授側は、他の業者が入札を困難にするような要求書を作成。この結果、2019年から2020年の医療機器の公開入札にはこの業者のみが参加し、合計約3,700万円分の契約を獲得したとされています。

セクター：資源の変換
業種　　：航空宇宙・防衛

　航空宇宙・防衛産業は、国家の安全保障を支える重要な業種のひとつです。日本においては、2022年6月に閣議決定された「骨太の方針2022」にて、国内の防衛生産・技術基盤を維持・強化する観点を一層重視する方針が明記され、それを踏まえて現行の「防衛計画の大綱」「中期防衛力整備計画」が改定されています。また、衛星利用ニーズや無人機システムなど、市場ニーズが拡大している事業領域もあります。

　航空宇宙・防衛産業の企業にとって、軍や自衛を司る国家組織との関係構築は、他の業種に比べて重要となります。一方、国家組織から発注を受けるため、贈収賄が起こりやすい業種のひとつです。SASBでは、トランスペアレンシーインターナショナルの政府防衛汚職防止指数のAからFのうち、「E」または「F」に等級付けされた国からの収益を開示することが求められています。

業界の特色　SASB

・航空宇宙・防衛企業は、贈収賄・汚職に対する政府の取り締まりが弱い領域
・米国海外腐敗行為防止法(FCPA)や英国の賄賂防止法などの汚職および贈収賄防止法に違反事例がある

企業にもたらす負の影響　SASB

・規制による罰則またはブランド価値への悪影響

事例：防衛省事務次官に対する汚職[1-8]

　日本の軍需専門商社の元専務は2005〜2007年、自衛隊の装備品納入などで便宜供与を受けた見返りに、元防衛事務次官（収賄罪などで懲役2年6月、追徴金約1,250万円が確定）にゴルフ接待などの贈賄が行われました。

　関係者の話によれば、前次官は防衛装備品の他の提供業者から週末ゴルフ接待の申し出を受けたとき、元専務に連絡を取り、容疑者だけをゴルフへ招待するよう要請しました。

　日本の贈収賄事案で話題になった事件のひとつに、KADOKAWAの贈賄問題、いわゆる五輪汚職があります。

　KADOKAWAの前会長A氏は、KADOKAWAが東京五輪スポンサーに指名されるために、大会組織委員会の理事であったB被告に便宜を図るよう依頼し、その見返りとして総額7,000万円の賄賂を提供した疑いが持たれています。この賄賂は、元理事の知人の企業とのコンサルティング契約料という形で支払われたとされています。

　2023年1月に公表された「KADOKAWAガバナンス検証委員会調査報告書（以下、報告書）[1-9]」から経緯を簡単にまとめると、以下のようになります。

・2013年12月：「近未来へのイベントへの取り組み」のひとつとして、東京五輪の公式ガイドブックや関連書籍への参入可能性を検討

・2014年2月：オリンピックプロジェクトを発足

・2014年8月：協賛金5億円を上限に、出版カテゴリーの大会スポンサー枠に立候補することを社長稟議で決定

・2016年10月：コンサル会社から5億円の協賛金（うち協賛金が4億円、コーディネイトフィーが1億円）の支払い提案を受ける

・2016年11月：代表取締役社長へ公式スポンサー契約のスキームについて説明

・2016年12月：電通に対して正式にスポンサーの就任意向を伝達する「協賛意向書」を提出

- 2016年12月：契約締結に向けた法務レビューの中で「贈収賄の疑いがある」ということで、社内弁護士からデューデリジェンスの必要性を意見
- 2017年2月：知財法務部内で本件は違法である旨のリサーチペーパーが共有される
- 2017年2月：顧問弁護士に相談し、贈賄に当たる旨の見解を得ている（その後改善された形跡はない）
- 2019年4月：組織委員会とのスポンサー契約の締結
- 2019年6月：コンサルティング会社との契約締結

　上記を見ていただければわかるように、2017年時点では「当社は贈収賄を構成する」あるいは「結論として、どのようなスキームを講じようと、刑事訴訟において有罪となる確率を減らす意味しかなく、法律一般論としては犯罪である」と法務部門も弁護士も強い懸念を示しているのにもかかわらず、改善されないまま2年後の2019年にはスポンサー契約が締結されています。社内の法務機能による専門的な助言が経営判断には全く考慮されなかったことは、重大な問題だったと考えています。

　こうした事情を受け、KADOKAWAガバナンス検証委員会は次のような指摘をしています。

KADOKAWAガバナンス検証委員会による指摘

- みなし公務員である理事側からの要求であり、経営トップによるコンプライアンス優先の意思が重要

- ・コンサルティング契約については社内の経営会議等で言及されずに承認された

- ・1000万円超、1億円以下は決裁基準表で執行役承認であるが、実施されていなかった

- ・「ひとつの案件を分割して決裁を求めてはならない」というルールに反していた

- ・知財法務部が事業を行う経営企画局の傘下にあり、牽制機能を果たしにくい組織構造となっていた

　また報告書では、この事件を止められなかった理由のひとつとして、「とりわけ会長であったＡ氏の意向への過度の忖度とそれを醸成する企業風土があったと考えている」と明示されています。加えて、同検証委員会が事実関係を調査するなかで、「『会長が了承している』という言葉が度々登場しており、それが不適切な行為の差し止めや発覚の障害になっている」とも書かれています。

　企業風土や企業文化は、自社にとっての強みになる一方で、「〇〇社らしい」という根拠のない理由で、課題を先送りするために使われたり、上記問題のように、特定の個人に実質的な権限が偏ることで、不正統制が機能しない理由になったりと、いろいろと考えさせられました。皆さんはどのように感じられたでしょうか。

（3）ESGリスクマネジメントの実践

●日本企業における「コンプライアンスプログラム」の現状

　ここからは、贈収賄・汚職リスクへの対策としての「コンプライアンスプログラム」について解説します。

　近年は、組織や団体に対してコンプライアンス意識の向上が強く求められているため、コンプライアンスプログラムを作成している企業は多く存在します。しかし、果たしてその内容は十分なものになっているのでしょうか。

　世界規模でリーガル情報サービスを提供するレクシスネクシス・ジャパンの調査「Chief Legal Officer インタビューレポート」（2021年）によると、アメリカ企業に比べて日本企業のコンプライアンスプログラムが不十分という調査結果が出ています（**図表2-1-3**）。

　具体的には、「アメリカ企業に比べ、日本企業は運営面での弱さが顕著である」「コンプライアンス活動の成果を定量化できないことから、運営面に対する自信がもてないとの回答が目立った」といった比較が示されています[1-10]。

　今後、サステナビリティ基準が整備されていけば、コンプライアンスプログラムを開示する必要性が高くなることから、「コンプライアンスプログラムを作成しているから大丈夫」「問題が発生していないからOK」という考え方は通用しなくなります。なぜなら、問題が発生していなくても「どういった取り組みをしているか」が、ESG評価の観点で問われるからです。

　つまり、「結果」だけでなく「プロセス」が評価されるようになるため、コンプライアンスプログラムを「作成しているだけ」では不十分であり、「評価されるに足る仕組みを構築しているか」どうかが

図表2-1-3：日米企業のコンプライアンスプログラムの現状

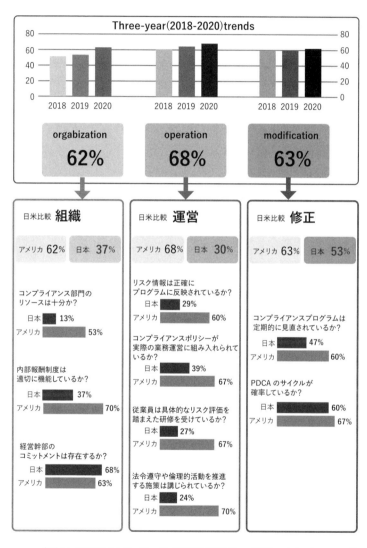

出所：レクシスネクシス・ジャパン株式会社「Chief Legal Officer interview report」

より求められるということです。そのため、コンプライアンスプログラムの中身を検証する必要がある企業は多くあるかもしれません。

●参考にすべきガイドラインは？

では、企業は具体的に何を参照してコンプライアンスプログラムを作成すればいいのでしょうか。

結論からいえば、セクター・業種、事業展開している国・地域によって異なります。進出している国・地域の観点でいえば、日本であれば経済産業省の「外国公務員贈賄防止指針」（**図表2-1-4**）、アメリカなら「FCPAガイドライン」（**図表2-1-5**）、イギリスなら「UKBA ガイダンス」（**図表2-1-6**）となります。

加えてグローバル展開している企業なら、OECDの「Good Practice Guidance for Companies」はOECD加盟国が対象となるため、参考となるガイドラインです。これは2009年11月に採択されたOECD 理事会勧告「さらなる贈賄防止に向けた勧告」の附属書Ⅱ「内部統制、企業倫理及び法令遵守に関するグッド・プラクティス・ガイダンス」でも掲載されており、各国における大元のガイドラインといえます。**図表2-1-7**に主な項目を書き出していますので、どういった内容なのかチェックしてみてください。

図表2-1-4：外国公務員贈賄防止指針

内部統制システムの一環として、外国公務員贈賄防止のための体制の有効性の向上を図るための参考となる方策等を例示する

1 基本方針の策定・公表

経営者のみならず、各事業部門責任者が、経営者と目線を揃えた同趣旨のメッセージを重ねて発出することも効果的

2 社内規程の策定

行為類型ごとに承認要件、承認手続、記録、事後検証手続を内容とする社内規程を策定
ファシリテーション・ペイメントを原則禁止とする旨社内規定に明記することが望ましい

3 組織体制の整備

コンプライアンス担当役員および責任者の任命
社内相談窓口および通報窓口の設置等

4 社内における教育活動の実施

啓発活動のひとつとして、教育を受けた従業員に対し、贈賄行為を行わないよう誓約書を提出させることも有効な方策

5 監査等

定期的または不定期の監査により、社内規程の遵守状況を含め防止体制が実際に機能しているか否かを確認

6 経営者等による見直し

定期的監査を踏まえ、防止体制の有効性を評価し、見直しを行う

出所：経済産業省「外国公務員贈賄防止指針」

図表2-1-5：FCPAガイドライン

贈賄禁止と適正な会計処理に関する内部統制に関するコンプライアンスプログラム等に関する
米国司法省（DOJ）や証券取引委員会（SEC）の見解等を記載している

1 幹部の取組み姿勢および明確な腐敗禁止指針

2 行動規範およびコンプライアンス方針

3 監査・自律性およびリソース

4 リスク評価

5 研修および助言の継続

6 インセンティブおよび懲戒処分

7 デューデリジェンス

8 内部通報および社内調査

9 定期的な改善

出所：FCPA "Resource Guide to the U.S. Foreign Corrupt Practices Act Second Edition"

図表2-1-6：UKBA ガイダンス

組織が贈収賄防止のための手順を策定するためのガイダンスとして、
6つのプリンシプルを定めている。

1 性質・規模および複雑さに比例、また明瞭・実用的・入手可能および効果的に実施・執行

2 上級管理職のコミットメント
　　　贈収賄は決して許さないという組織文化を醸成
　　　ゼロ・トレランスのコミットメントの内外への伝達

3 リスク評価
　　　海外市場への参入の有無
　　　リスクは、国、部門、取引、ビジネスチャンスに分類

4 デューデリジェンス
　　　特に海外市場でのビジネス設立
　　　従業員も対象

5 コミュニケーション（研修を含む）
　　　対処のための知識とスキルの提供
　　　違反に対するペナルティへの方針提供も含む
　　　スピークアップ

6 モニタリングおよび再検討

出所：Ministry of JUSTICE, THE BRIBERY ACT 2020

図表2-1-7：Good Practice Guidance for Companies

1 上級管理職から会社の責任者への強力で明示的かつ目に見えるサポートとコミットメント

2 外国の贈収賄を禁止する、明確に目に見える企業方針

3 会社のあらゆるレベルの個人の義務としての禁止事項の遵守

4 監視、内部監査などの独立した監視機関に問題を直接報告する権限、取締役会または監査役会での1人または複数の義務

5 特に以下の分野について、子会社を含めた管理
- i) 贈答品
- ii) 接待および費用
- iii) お客様の旅行
- iv) 政治献金
- v) 慈善寄付および後援
- vi) ファシリテーションペイメント
- vii) 勧誘および恐喝

6 第三者（エージェントおよびその他の仲介者）への適用
- i) 適切に文書化された、採用に関するリスクベースのデューデリジェンス、およびビジネスパートナーの適切かつ定期的な監視
- ii) ビジネスパートナーに対する、企業のコンプライアンス方針の通知
- iii) ビジネス パートナーへの相互の約束を求める

7 隠蔽防止のための財務および会計手続きのシステムによる公正かつ正確な帳簿、記録

8 すべてのレベルの従業員向けの文書化されたトレーニング

9 倫理の遵守を奨励し、積極的な支援を提供するための適切な措置

10 違反に対処するための適切な懲戒手続き

11 効果的な対策：
困難な状況におけるガイドラインとアドバイスの提供
社内で発生した倫理違反の報告と通報者の保護

12 コンプライアンスプログラムの定期的なレビュー

出所：OECD GOOD PRACTICE GUIDANCE ON INTERNAL CONTROLS, ETHICS, AND COMPLIANCE

ただ、OECDのガイドラインは抽象度が高いため、関連規定や手順の落とし込みは、より具体的な項目を挙げている「ISO37001贈収賄防止マネジメントシステム」（**図表2-1-8**）を参照することが有効です。

　このガイドラインは、贈収賄防止マネジメントシステムを確立、実施、維持、レビューおよび改善するための要求事項を規定し、手引きを提供しています。特に附則には実務上検討するに足る具体性があるため参考となります。

　ただし、上記ガイドラインを満たしていれば完璧に贈収賄を防げるのかというと、もちろんそのようなことはありません。外部評価の観点で「何を拠り所に検討すればよいのか」を述べたに過ぎません。どのような贈収賄防止規程が有効なのか、何を監査すれば贈収賄リスクの高い取引を検証できるのか、などは企業ごとに異なります。まずは自社のビジネスを十分に理解したうえで、どのように内部統制のレベルを高めるべきなのかは、事業部門の責任者や贈収賄に精通する法務担当者、専門の弁護士・会計士などと相談しながら決めるのがよいでしょう。

図表2-1-8：ISO37001 贈収賄防止マネジメントシステム-要求事項及び利用の手引

1 贈収賄防止の方針

- ・組織構成員による贈収賄行為の禁止
- ・贈収賄防止法に対する遵守の要求
- ・目的の設定、レビュー、達成するための枠組みを明示
- ・マネジメントシステムの要求事項に関するコミットメント

2 贈答、接待、寄付、旅行、販促等を対象にした管理手続きの整備

- ・禁止または制限措置
- ・制限措置の場合の許可要件
- ・事前承認
- ・文書化と監督・監視

3 贈賄リスクが高い領域の特定、以下は一般的にリスクが高い

- ・大規模建設プロジェクト
- ・大口の顧客
- ・公務員および公務員とやり取りするエージェント

4 デューデリジェンスにおける確認

- ・合法的な企業であることを示す法人登記書等の確認
- ・事業関係者がマネジメントシステムをもつかどうか
- ・企業、役員、株主の不法行為の評判や犯罪行為
- ・公務員との直接的、間接的な結びつき

5 内部告発

- ・報告の推奨と可能にする手段
- ・身元等の秘密保持と匿名の報告
- ・報復の禁止、組織による保護

6 統制手順の内部監査

- ・マネジメントシステム脆弱性の把握
- ・マネジメントシステム違反の発見

出所：ISO37001贈収賄防止マネジメントシステム

反競争的行為

　ここまで腐敗・贈収賄の解説をしてきましたが、以下の通り反競争的行為についても見ていきましょう。

(1) 反競争的行為が社会に与えた影響
(2) ESGの観点で企業に求められること
(3) ESGリスクマネジメントの実践

(1) 反競争的行為が社会に与えた影響

●競争法とは

　競争法（Competition Law）は、ビジネス環境における企業間の健全な競争を促進し、独占や不適切な取引を防止し消費者の利益を保護するための法律です。日本における「独占禁止法」、アメリカにおける「反トラスト法」のように、市場における公正で自由な競争の実現を目指す法律を一般に指します。

●反競争的行為が国際的な問題となった経緯

　競争法の誕生は、19世紀後半まで遡ります。当時のアメリカでは、産業革命の結果として一部の企業が強大な力を持つようになり、市場を独占または寡占し、価格操作を行うようになりました。たとえば、ジョン・ロックフェラーは1870年、スタンダード・オイル社を起業し、競争相手を次々と買収して独占化、米国の石油精製能力の約90％を占めるようになりました。

スタンダード・オイル・トラストが行った価格協定などは、消費者に不利益を与えるとの非難が起こり、1890年にシャーマン反トラスト法が制定され、不正な競争行為を違法としました。その後も、クレイトン法（1914年）や連邦取引委員会法（1914年）などの競争法が制定され、競争環境の健全化が試みられました。

　20世紀に入ると、アメリカの競争法の影響を受けた多くの国々が自国の競争法を制定し始めました。欧州連合では、加盟国間の経済統合を目指す一方で、独占や不正競争を防ぐための競争法の制定に力を入れました。以降も、自由主義市場経済の世界的な広がりのなかで、特に1990年以降、多くの途上国でも導入されるようになりました（**図表2-1-9**）。

図表2-1-9：競争法の国際的な普及

1. 競争法の国際的な普及

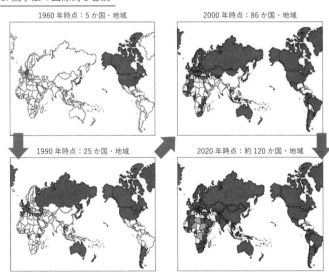

出所：公正取引委員会事務総局 官房国際課長 稲熊 克紀「外国競争法の最近の動向」

●競争法における主流は「EUモデル」

　現在、世界で普及している競争法のモデルは、「欧州連合競争法（2009年11月までは「EC競争法」と呼ばれていた）」です。これは、欧州連合（EU）の経済活動における競争を健全に保つための法的枠組みを指し、EU加盟国間の市場を統合して、自由で公正な競争を維持・促進することを目的としています。この法律でカバーしているのは、主に以下の4つの領域です。

①カルテルと協調行動の禁止

　　企業間の不公正な合意、たとえば価格の設定や市場の分割を禁じるもの。

②独占禁止および市場支配的地位の悪用の防止

　　企業が市場を独占し、その地位を悪用することを防ぐ規制。

③合併規制

　　企業の統合や買収が市場競争に悪影響を及ぼす可能性がある場合に、それを規制するためのもの。

④国家補助金の規制

　　EU加盟国が特定の企業や業界に対して不公正な補助金を提供することを防ぐための規制。

図表2-1-10：2010年時点でのアメリカとEUの相関関係（競争法）

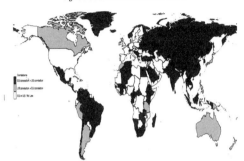

Figure 4: Greater Correlation to the EU and US

出所：The Global Dominance of European Competition Law Over American Antitrust Law

　図表2-1-10では、濃いグレーがEUモデル、薄いグレーがアメリカモデルという形で分類していますが、見ていただければわかるように、アメリカモデルよりもEUモデルを採用している国のほうが多いことが読み取れます。

　前述したように、競争法は各国で制定しているものに従う必要がありますが、それとは別に規制当局間で情報交換等の連携も行われています。

　ここでいう「連携」とは2つの意味があります。ひとつは国同士（例：日本の公正取引委員会とアメリカの司法省など）の連携で、もうひとつは国際競争ネットワークなど民間団体による連携です。国際競争ネットワーク（ICN）とは、世界各地の競争法の当局が協力を強化するために設立された非公式なデジタルネットワークです。2001年、国際競争政策諮問委員会の最終報告がアメリカの司法長官と反トラスト法務次官に提出された後に設立されています。

●日本の競争法と日本企業の違反事例

　日本では、第二次世界大戦後の連合国による占領政策の一環として、1947年に公正取引委員会が設立され、翌年の1948年には独占禁止法が制定され、これにより、公正な競争を維持するための法制度が整備されました。

　規制対象としては、他の供給者と手を組む「競争停止」、他のライバル企業を排除する「他社排除」、抱き合わせ販売などの単独の者が取引の相手方から搾取する「搾取」、合併計画を事前審査する「企業結合」の4つのパターンに分類されます[1-11]。

　なお、各国での法律に加え、前述したような規制当局同士のグローバルな連携もあるため、ある国・地域で競争法に違反すると、複数の国・地域で摘発される恐れがあります。

　実際に摘発された日本企業について、その制裁金等の金額（日米欧）の比較を示したのが**図表2-1-11**です。アメリカやEUと比較すれば低いですが、それでもたとえば「1事業者あたりの制裁金等の平均額」を見ると、2016年度では日本企業でも平均2億8,600万円と高額であることがわかります。

図表2-1-11：日米欧における競争法違反事件の処理状況等

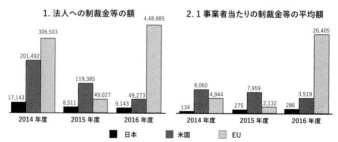

（注1）EUについて、再決定に基づく制裁金は含まれていない。
（注2）米国及びEUについては、日本銀行発表の東京外為市場における年平均レートを元に円に換算。「2.1事業者当たりの制裁金等の平均額」も同様。

（注）EUについては、制裁金の累計額をリニエンシー等により制裁金が課されなかった事業者を含む事業者数で割ったもの。

出所：公正取引委員会事務総局「公正取引委員会の最近の活動状況」

(2) ESGの観点で企業に求められること

●ESG開示基準による要請

　ここからは、反競争的行為においてESGの観点で企業に求められることを見ていきましょう。

　まず、GRIスタンダードにおける「反競争的行為」と「反トラストおよび独占的慣行」の意味について、あらためて述べると以下になります。

> ・反競争的行為とは、市場競争を制限するための行為で、潜在的競争者との談合につながる可能性のあるものであり、価格協定、入札調整、市場もしくは生産制限の設定、地域分担強制、または顧客、サプライヤー、地域、製品ラインの割当が含まれる
> ・反トラストおよび独占的慣行とは、談合につながる可能性のある組織の行為で、業種への参入障壁の設定など、競争を阻害するものを指す。この中には、不公正な商慣行、市場地位の濫用、カルテル、反競争的合併、価格協定が含まれる

　次に、反競争的行為が重要（マテリアル）である場合、以下を開示することが求められます。

> ・反競争的行為のマネジメントの方法
> ・反トラスト法違反、独占禁止法違反により、法的措置を受けた事例の件数

●業種ごとに求められる取り組み

　反競争的行為の問題は、セクター／業種ごとに、インパクトの影響度・発生可能性が異なるため、マテリアリティは企業自身が評価し、重要性の判断を行うことが原則です。ただし、SASBスタンダードでは、セクター／業種ごとに、「どのインパクトがマテリアリティとして一般的に高いのか」が示されているため、参考となります。次ページ以降では、SASBスタンダードに基づくマテリアリティを見ていきますが、SASBスタンダードの和訳だけでは少しわかりづらいため、解説と参考事例も併せて付記します。参照ください。

セクター：テクノロジー＆コミュニケーション
業種　　：半導体

　半導体の企業は、快適さ、効率化を求める社会的ニーズに対応するため、高機能・多機能な製品開発、中長期的な投資を継続しています。特に半導体デバイス企業では、競争が激化するなかで多額の設備投資が必要なため、プレイヤーが再編され数社によって市場が寡占されている状態が継続しています。そのなかで、市場価格や供給量の動向は規制当局から厳しい監視を受けています。

　半導体製品は、何百、何千もの特許が関わる、いわば「知財の集合体」のため、知財紛争（知的財産紛争）が起こりやすいのが特徴です。そのため、競合企業間で「クロスライセンス（複数の企業がそれぞれ所有する知的財産権の使用を互いに許諾し合うこと。およびその契約や合意）」によって、特許開発を進める場合があります。

　このような事業環境下において、競合企業間で情報交換をするなかで価格を吊り上げる、または特許を囲い込んで他社の活動を制限すると規制当局から認定されることで、競争法に違反するケースがあります。

業界の特色　　　　　　　　　　　　　　`SASB`

・業界における知的財産保護が、クロスライセンスにおける
　価格協定などによって不当に競争を制限する場合がある

企業にもたらす負の影響

- 法的に問題となった場合、市場シェアや価格競争力に悪影響を及ぼす

事例*：DRAMメーカーによる価格カルテル[1-12]

欧州委員会は、日本の5社を含む世界の主要半導体メーカー10社が価格カルテルを結んでいたとして、1社を除く9社に対して、総額3億3,100万ユーロの制裁を命じました。価格カルテルは、競争相手間で価格を事前に決定する非合法的な取り決めの一種であり、反トラスト法や競争法に違反します。

欧州委員会によると、1998年7月から2002年6月、違反行為者がコンピューター／サーバーを OEM により供給するOEM事業者に対して、欧州経済領域（EEA）域内において販売するDRAMについて、会合や電話でのやりとりを通じて、相互にその価格情報およびその他の秘密情報を交換し、価格調整を行っていたと認定されました。

制裁金が最も大きい企業で、1億4,500万ユーロ。日本企業の中では、それぞれ2,041万ユーロ、1,764万ユーロ、1,660万ユーロ、1,029万ユーロの罰金を受けました。

＊ここでは、業界のリスクをわかりやすく説明することを目的として、報道やHPサイト等を参照元とし、公表時点における掲載内容を記載しています（以降同様）。

> **セクター：テクノロジー＆コミュニケーション**
> **業種　　：ソフトウェアおよびITサービス**

　ソフトウェアおよびITサービスでは、eコマース、デジタルコンテンツのインターネットサービスなどを事業展開しています。また、グローバルでアクティブユーザーを積極的に獲得するために、競争力のあるコンテンツ開発に注力しています。特にデジタルプラットフォーム事業者は、情報通信テクノロジーと収集データを活用してオンラインの「場」を提供します。この「場」は、さまざまな利用者が同時に存在する多面市場となり、間接的なネットワーク効果が働くため、市場が独占化、寡占化しやすい環境といわれます。

　プラットフォームビジネスが注目されて久しいですが、プラットフォーマー側が巨大な力を行使してしまうと、取引の不透明性や不公正さから、競争法違反と認定されるケースがあります。

業界の特色　`SASB`

・支配的なプレイヤーによる特許等の知的財産保護による強化
・支配的なプレイヤーによる他社に対する特許クレームで絶えず係争案件が発生
・規制当局による監視を受けやすい

企業にもたらす負の影響　`SASB`

・長期間にわたる訴訟
・法的に問題となった場合、市場シェアや価格競争力に悪影響を及ぼす

事例：大手旅行予約サービスによる不公正取引[1-13]

　大手旅行予約サービスのウェブサイトに宿泊施設を掲載する宿泊施設の運営業者との間で締結する契約において、当該ウェブサイトに当該運営業者が掲載する部屋の最低数の条件を定めるとともに、宿泊料金および部屋数については、他の販売経路と同等または他の販売経路よりも有利なものとする条件を定めました。同サービスは、他社サイトに掲載された宿泊料金が安い場合、その業者に是正を求めるファクスやメールを頻繁に送り付けていました。

> **セクター：運輸**
> **業種　　：自動車部品**

　自動車部品の企業は、電動化、自動運転などの新たなモビリティ社会、MaaS（Mobility as a Service）などの移動サービスの拡大を支える重要な業種で、軽量・小型・省スペース化、ネットワークの高度化、モジュール化など高付加価値の提供に挑戦しています。自動車部品には、シャフト、ギア、変速機、オイルシール、車載用のワイヤーハーネス、ディスプレー、スピーカー、照明など多種多様な部品があり、その中には数社で市場が寡占されるもの、ニッチトップと呼ばれる日本企業も存在します。

　寡占化した市場で大きな世界シェアをもつ企業は、規制当局に監視されやすいうえ、さらに、日本企業の特徴として、業界団体が多く、競合他社と接触する機会が多いことも指摘されています。市場での独占率が高いと、特定団体での情報交換などが、価格操作と認定されることで、競争法違反に発展するリスクがあります。

業界の特色　　　　　　`SASB`

・自動車部品は多岐にわたるが、カテゴリごとに見ると相当な市場支配力を発揮している生産メーカーが存在する

企業にもたらす負の影響　　　　　　`SASB`

・罰則とレピュテーションの低下による企業価値やバランスシートへの悪影響

> **事例：産業機械用ベアリングおよび自動車用ベアリング4社に よるカルテル[1-14]**
>
> 　自動車メーカー8社が、発注する自動車用ワイヤーハーネスおよび同関連製品に関する見積もり合わせについて、量産価格の低落防止を図るため、受注予定者を決定するなどして受注予定者が受注できるようにしました。公正取引委員は、これを「8社が発注するワイヤーハーネスの相当程度を受注していた」とみなし、独禁法上の不当な取引制限に当たるとしました。
>
> 　排除措置命令および課徴金納付命令は各発注者別に出されており、課徴金額の総額は128億9,167万円に及びます。

セクター：インフラストラクチャー
業種　　：エンジニアリング・建設サービス

　エンジニアリング・建設サービスでは、公共事業の受注プロセスにおいて、競争入札により企業間で適正な価格競争が行われることが期待されています。しかし、入札参加する側からすると、大規模事業であるほど図面が複雑となり、積算するだけでも大変な労力がかかるため、入札参加するだけでも一定の負担となります。さらに、日本では指名競争入札制度があり、事前に入札参加する業者名が公表される結果、談合が行われやすい環境と指摘されます。

　インフラストラクチャーにおける贈収賄（84ページ）では「公務員に対して金銭を支払った」という内容でしたが、ここでは「入札者同士で事前に話し合って（交渉して）、入札結果（価格）を調整する」というのが問題になります。いわゆる「出来レース」であり、結果がわかった状態での入札を行うことで正当な競争ではないとみなされるため、競争法の違反となります。

業界の特色　　　　　　　　　　SASB

・大規模なインフラストラクチャープロジェクトの建設など契約規模が大きい
・入札など公的機関との契約を確保するために必要な競争プロセスが存在する

企業にもたらす負の影響　　　　SASB

・十分な実績の機会を失い、将来のプロジェクトに携わることを禁じられ、収益性を低下

事例：大手ゼネコン4社　リニア中央新幹線建設工事の入札不正事件[1-15]

　スーパーゼネコン4社の部長級の営業担当者は、東京都内の飲食店の個室で月1回程度会合を開き、リニア関連工事受注について情報交換。談合で工事を受注した2社には、独占禁止法（不当な取引制限）で計43億2,170万円（1社が31億1,839万円、もう1社が12億331万円）の課徴金納付命令が出されました。

　公正取引委員会は排除措置命令で、リニア中央新幹線の品川、名古屋両駅の新設工事で工事に絡む受注活動に今後も関わる役員や従業員には、法務担当者や第三者が定期的に監査をすることなども求めています。

(3) ESGリスクマネジメントの実践

●日本企業における独禁法の取り組みの現状

　反競争法の対策として多くの企業が実践しているのが「独占禁止法コンプライアンスマニュアル」の作成でしょう。

　公正取引委員会の「企業における独占禁止法コンプライアンスに関する取組状況について」（平成24年）によると、独占禁止法コンプライアンスマニュアルを策定している企業は68.8％です（**図表2-1-12**）。約10年前の調査であることを鑑みると、コンプライアンスがより厳しくなった現在ではそれ以上の企業が策定していることが予想されます。

　図表2-1-13では、公正取引委員会のガイドラインのなかで、特に理解いただきたい箇所を示しました。ただ、「具体的にこうい

図表2-1-12：独占禁止法コンプライアンスマニュアルの策定状況

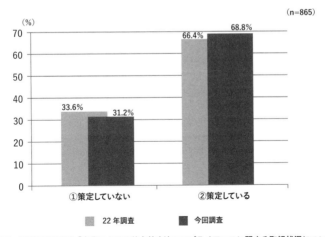

(n=865)

出所：公正取引委員会「企業における独占禁止法コンプライアンスに関する取組状況について」

図表2-1-13：独禁法ガイドラインの一部

ガイドライン	特徴
排除型私的独占に係る独占禁止法上の指針	排除行為の対象となった商品についてシェアが大きい(50％超)事業者を対象に以下の行為に関する規制の考え方、判断要素、参考または具体的事例等のガイドを示す ・商品を供給しなければ発生しない費用を下回る対価設定 ・排他的取引 ・抱き合わせ ・供給拒絶・差別的取扱い
流通・取引慣行に関する独占禁止法上の指針	不公正な取引方法等に関して以下を対象に、基本的な考え方、違法性の判断基準、を示す ・垂直的制限行為（販売価格、取扱商品、販売地域、取引先等の制限およびリベートの供与等の制限） ・事業者による取引先の選択 ・国内市場全域を対象とする総代理店
事業者団体の活動に関する独占禁止法上の指針	事業者団体のどのような活動が独占禁止法上問題となるかについて、以下に関する具体的な活動の例を挙げながら明らかにする ・価格制限行為 ・数量制限行為 ・顧客、販路等の制限行為 ・設備又は技術の制限行為 ・参入制限行為等 ・不公正な取引方法 ・種類、品質、規格等に関する行為 ・営業の種類、内容、方法等に関する行為 ・情報活動 ・経営指導 ・共同事業 ・公的規制、行政等に関連する行為
知的財産の利用に関する独占禁止法上の指針	知的財産制度の下で、技術に権利を有する者が、他の事業者がこれを利用することを拒絶したり、利用することを許諾するに当たって許諾先事業者の研究開発活動、生産活動、販売活動その他の事業活動を制限したりする行為は、その態様や内容いかんによっては、技術や製品をめぐる競争に悪影響を及ぼす場合がある。当該指針は、技術の利用に係る制限行為に対する独占禁止法の適用に関する考え方を包括的に明らかにする
企業結合審査に関する独占禁止法の運用指針	これまでの公正取引委員会の企業結合審査の経験を踏まえ，企業結合審査に関する法運用の透明性を一層確保し、以下を公表し、事業者の予測可能性をより高める ・企業結合審査の対象 ・水平型企業結合による競争の実質的制限 ・垂直型企業結合による競争の実質的制限 ・混合型企業結合による競争の実質的制限 ・競争の実質的制限を解消する措置 ・企業結合審査のフローチャート

出所：公正取引委員会の法令・ガイドライン等をもとに著者作成

うことを書きましょう」というアドバイスなどは載っていないため、このガイドラインだけで競争法遵守の方針やコンプライアンスマニュアルを作成するのは難しいと思います。

ESGの観点では競争法遵守の方針やコンプライアンスマニュアルを開示することが重要なのですが、競争法に特化した開示は、過去に違反事件を起こした会社を除き、十分に開示できている会社は少ないのではと感じています。

●競争法コンプライアンスプログラムとは？

それでは、「競争法遵守の方針・コンプライアンスマニュアル」を作成するうえでは、どのような内容を盛り込めばいいのでしょうか。

以下の9項目の記載例は、数多くの競争法のコンプライアンスプログラムをもとに、一般的にどういう要素が必要なのかを整理したものです。これらすべてを開示する必要はありませんが、取り組みの重要性を検討し、開示項目や内容を決定するのがよいと思います。

1. 適用範囲

役員や従業員は当然ながら、ビジネスパートナーに対しても理解・協力を求めているかが重要になります。

記載例

・役員および従業員だけでなく事業活動に関わるすべてのビジネスパートナーに対しても、本ポリシーへの理解・協力を求める。

---

2. コミットメント

経営陣が競争法遵守についてコミットすることを社内外に示すことが重要となります。

> **記載例**
>
> ・当社グループが遂行する事業において、企業倫理に従いながら積極的に競争しなければならない。
>
> ・法令の遵守にとどまらず、高い倫理基準に従って業務を行う必要がある。

3. 競合との接触制限・情報交換

カルテル防止の観点から、競合との接触や情報交換をどのように制限するかがポイントです。

> **記載例**
>
> ・競合他社との接触は事業活動上必要不可欠な限度においてのみ行い、接触した場合は、経緯や内容に関する記録を作成し、保管する。
>
> ・同業他社から競争情報の提供を求められたときは、明確に拒絶するとともに、速やかにコンプライアンス・リスク管理担当部署に報告し、その指示に従う。
>
> ・競合他社との間で、価格、入札談合、生産・販売数量、販売地域、顧客の割り当てについて合意をしてはならない。また、価格に関する情報交換その他競合他社と競争するうえで重要な事項や通常秘密とされる事項について情報交換をしてはならない。これは、書面での明示、口頭、暗黙の了解などの別を問わない。

4. 業界団体への加入・活動

　特に業界団体での会合の参加などは、競合と接触するリスクが高いため、事前承認など内部統制プロセスを整備することが重要です。

> 記載例
>
> ・規則に定める手続きを経て事前に承認を得たものを除き、業界団体には加入しない。

5. 販売代理店への介入

　ここからは取引制限の話です。まずは販売代理店に対する不当な価格について記載しています。

> 記載例
>
> ・取引先に対し、当社商品を指定した価格で販売させたり、指定した価格で販売しない取引先に対して経済上の不利益を課したりしない。

6. 公正な入札手順の確保

　入札における談合を防止するため、どのような入札手順を定めているのかを記載します。

> 記載例
>
> ・適用される公式な入札手順に従い、公的機関には正確かつ明瞭で偏りのないデータを提供し、入札の全工程を通じて透明性を維持しなけれ

ばならない。

7. 優越的地位の濫用

特に下請け企業と取引がある場合は、優越的地位の濫用に注意する必要があります。

記載例

・取引上の優位な立場を利用して、資材取引先、業務委託先、販売店等に不当な条件を押しつけない。

8. 企業結合

企業結合時におけるデューデリジェンス等の社内確認プロセスを記載します。

記載例

・合併またはジョイントベンチャーの組成に当たっては、計画策定の段階から許可条件を適切に把握できるよう、初期段階からコンプライアンスを担当する部署が関与することが必要とする。

・買収対象会社に対して、認識している競争法の違反行為があればその開示を求め、対象会社が過去および現在において競争法に違反していないこと、および今後も競争法に違反しないことについて約中に表明保証および誓約条項を設けるよう努めなければならない。

9. その他

コンプライアンス全般に関わる項目として、調査への協力、報告・相談等があります。

記載例

・当局による調査があった場合、調査官に全面的に協力し、書類やデータなどを破棄してはいけない。

・競争法の理念に反している、またはその疑いが認められる場合、上司、法務・コンプライアンス部門、内部通報窓口などにただちに報告・相談する。

・やむを得ず、競合他社との会合を実施しようとする場合には、当該会合に出席する社員は、当該会合の実施および出席について、事前に承認者の承認を得る。

・自らの役員または従業員等が本ポリシーに違反した場合、当該役員または従業員等が属する社内規則に基づき、厳正に処分する。

2／2 プライバシー・セキュリティ

　欧州委員会が発表した2022年のDESI（デジタル経済・社会インデックス）によると、デジタルツールが日常生活や社会への参加に不可欠な要素となるにつれ、適切なデジタルスキルを持たない人々は取り残される危険性があることが指摘されています[2-1]。ますますデジタルに移行することが予想される社会環境下において、企業による個人情報・技術情報の利活用と保護の重要性は高まっており、企業価値を大きく左右します。これは単に技術的な問題ではなく、法律、倫理、さらには企業の社会的責任とも深く結びついています。

　このパートでは、ESGにおけるプライバシー・セキュリティの現状と課題、そしてリスクマネジメントの視点から解説をします。

プライバシー

(1) 定義および現状と国際的な取り組み

●プライバシーとは

　プライバシーは、個人が自身の個人的な情報や生活を他人から保護する権利、またはその状態を指します。人間の尊厳と自由を保障する基本的な人権の一部であり、その重要性は法的にも認識されています。

　近年では、デジタル化の進展に伴ってその定義も広がりを見せています。私たちの個人情報はオンラインの世界で流通し、その情報をどのように保護し、誰がアクセスできるのかという問題が、ますます重要な議論の対象となっているのです。

　そして、企業がESGリスクを管理するうえで、プライバシーは極めて重要な要素となります。

　企業は顧客や従業員から多くの個人情報を収集し、それを適切に管理する責任を負っています。万が一プライバシーを侵害した場合は、企業の評判を損ね、顧客の信頼を失い、最終的には法的な問題に発展する可能性があります。昨今は、データ保護規制が世界中で厳しさを増しているため、企業はプライバシー保護の取り組みを強化し、それをESGリスクマネジメントの一部として位置づける必要があります。

●情報技術の発展とプライバシーに関する課題

　近年は情報技術の発展とそれに伴う社会不安から、プライバシー

に関する問題が表面化しています。たとえば、以下のような事例が挙げられます。

・選挙コンサルティング会社のケンブリッジ・アナリティカによるFacebookの情報を利用したアメリカ大統領選挙への干渉（2018年）
・Amazonで採用AIが行っていた女性差別（2018年）
・リクナビによる内定辞退率データ提供による学生への不利益や差別（2019年）

　いずれも、便利さの裏側にプライバシーを侵害する問題が潜んでいることを明らかにした出来事といえるでしょう。
　現代における国を越えた流通は、人・モノ（貿易）・カネ（ファイナンス）だけでなくデータの流通が特に重要な役割を担っています。

図表2-2-1：国境間データ流通の変化

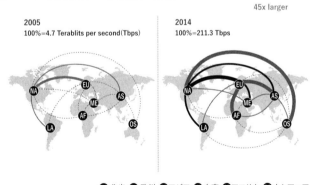

45x larger

2005
100%＝4.7 Terablits per second(Tbps)

2014
100%＝211.3 Tbps

🆖北米 🇪🇺欧州 🆔アジア 🅼🅴中東 🅰🅵アフリカ 🅾🆂オセアニア

······ <50Gbps ······50Gbps-100Gbps ——100-500Gbps ━━500-1000Gbps
━━1,000Gbps-5,000Gbps ━━5,000Gbps-20,000Gbps ━━20,000Gbps以上

出所：Mckinsey Global Institute DIGITAL GLOBALIZATION: THE NEW ERA OF GLOBAL FLOWS

こうした「越境データ」は、情報、検索、通信、取引、映像、企業間データなど多岐にわたる情報を含みます。McKinsey Global Institute の調査結果によれば、物品や財政資源の国境越えの流通は増加が鈍化している一方で、データの越境流通はインターネットの発展により国家や企業、個人をつなげ、その量は驚異的なスピードで増加しています。具体的には、2005年から2014年の間に越境データの転送帯域が4.7Tbps（毎秒テラビット）から211.3Tbpsへと、10年で約50倍に拡大したのです（**図表2-2-1**）。そしてIoTの時代へと移行する今、IoT関連のデータの流通やそれに伴うビジネスやアプリケーションの展開が、さらなる越境データ流通の拡大を予示しています[2-2]。

　このように現代では、プライバシーに関する情報がインターネット上で移動することが当たり前になっており、それと同時に利用者の不安も高まっている状況です。

　図表2-2-2を見ていただければわかる通り、「インターネット利用時に感じる不安の内容」の第1位は「個人情報やインターネット利用履歴の漏えい」(88.7%)です。その後に「コンピュータウイルスへの感染」(64.3%)、「架空請求やインターネットを利用した詐欺」(53.8%)と続きます。

　人々の情報漏えい問題に対する意識が高まっていることからも、企業のプライバシー問題への対応はこれまで以上に重要といえるでしょう。

図表2-2-2：インターネット利用時に感じる不安の内容

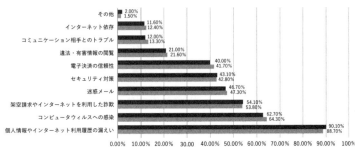

インターネットを利用し、インターネット利用に対して不安を感じている者からの回答

■ 令和3年（n=22,709）　■ 令和4年（n=20,192）（複数回答）

出所：総務省「令和4年通信利用動向調査の結果」

● プライバシー問題とは何か？

　プライバシー問題と聞くと、「個人情報保護」をイメージする人も多いはずです。しかし、プライバシー問題は個人情報保護よりも広い概念であるため、「個人情報保護の法対応だけしておけばOK」というわけではありません。

　それでは、プライバシー問題とはどのように作り出されるのでしょうか。**図表2-2-3**にある通り、プライバシー問題を作り出す諸活動の類型は「データ収集」「データ処理」「データ拡散」「個人への直接的な介入」の4つに分かれます。それぞれの具体例は、**図表2-2-4**で示してありますので、ご参照いただければと思います。

図表2-2-3：プライバシー問題を作り出す諸活動の類型

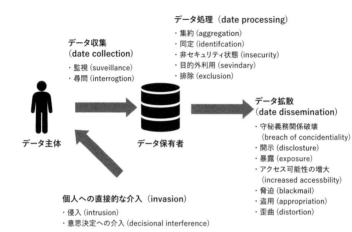

データ処理（date processing）
・集約（aggregation）
・同定（identifcation）
・非セキュリティ状態（insecurity）
・目的外利用（sevindary）
・排除（exclusion）

データ収集（date collection）
・監視（suveillance）
・尋問（interrogtion）

データ拡散（date dissemination）
・守秘義務関係破壊（breach of concidentiality）
・開示（disclosture）
・暴露（exposure）
・アクセス可能性の増大（increased accessbility）
・脅迫（blackmail）
・盗用（appropriation）
・歪曲（distortion）

データ主体　　　　　　　データ保有者

個人への直接的な介入（invasion）
・侵入（intrusion）
・意思決定への介入（decisional interference）

出所：総務省、経済産業省「DX 時代における 企業のプライバシーガバナンスガイドブック ver1.2」

図表2-2-4：プライバシー問題の例

データ収集	監視	継続的なモニタリングにより、個人に対して不安や居心地が悪い感情を与えてないか	
	尋問	個人に圧力をかけて情報を詮索してないか、深く探るような質問で個人が強制を感じ、不安になってないか	
データ処理[44]	集約	ある個人の情報の断片を集め、それにより、個人が想像しなかった新しい事実が明らかになることにより、個人の期待を裏切ってないか	
	固定	あらゆるデータを個人に結び付けることで、個人にとって害のある情報も結び付けられてしまい、個人に不安、不満を与えてないか	
	非セキュリティ	パーソナルデータを不適切に保護し、個人に対して不利益を被るようなことが起こってないか	
	目的外利用	個人の同意なしに当初の目的とは違うデータ利用を実施し、個人を裏切るような行為になってないか	
	排除	個人のデータの開示・訂正の権利を与えない等、重要な意思決定に対して個人のコントロールが聞かないようになっていないか	
データ拡散	守秘義務関係破壊	特定の関係における信頼関係により取得した個人のデータを、他社に開示するなどで個人へ裏切りの感情を与えてないか	
	開示	個人のデータを第三者へ開示されることで、二次利用先で更なるプライバシー問題が生じていないか	
	暴露	生活の諸側面の他者への暴露により、深刻な恥辱を経験し、個人の社会参加能力を妨害することになっていないか	
	アクセス可能性の増大	パーソナルデータへの他者のアクセス可能性を増大させ「開示」のリスクを高めていないか	
	脅迫	パーソナルデータの暴露、他者への開示などを条件に、脅迫者と非脅迫者に強力な権力関係を作り出し、支配され、コントロールされる事態になっていないか	
	盗用	他者のアイデンティティやパーソナリティを誰かの目的のために用い、個人が自分自身を社会に対してどのように掲示するのかについてコントロールを失わせ、自由と自己開発へ介入することになっていないか	
	歪曲	個人が他者に知覚され判断される仕方を操作し、虚偽であり、誤解させることで、恥辱やスティグマ、評判上の危害に帰結することはないか。自分自身についての情報をコントロールする能力と、社会にとって自分がどのようにみられるかを限定的にすることになっていないか。自己アイデンティティと公共的生活に従事する能力に不可欠な評判や性格を捻じ曲げることになっていないか。社会的関係の恣意的かつ不相応な歪曲が行われる恐れはないか	
個人への直接的な介入	侵入	必要以上の個人へのアプローチ（メールや電話等）により、個人の日常の慣習が妨げられ、居心地が悪く不安な感情を引き起こされてないか	
	意思決定への介入	個人の生活において重要な意思決定に対してAIを用いている場合等において、決定方法が不透明で、個人に萎縮効果が働いてないか	

出所：総務省、経済産業省「DX 時代における 企業のプライバシーガバナンスガイドブック ver1.2」

●グローバルにおける個人情報保護の動き

　次に、グローバル視点で見たときの個人情報保護の動きを見てみましょう。主要なプライバシーモデルは、EU、アメリカ、中国に三極化し[2-3]、「EU＝人権保護、アメリカ＝消費者保護、中国＝国家統制」という違いがあります。具体的に見ていきましょう。

・EU

　EUでは2018年、欧州連合基本権憲章による基本的人権の保護を目的とする「一般データ保護規則（General Data Protection Regulation：GDPR）」が施行されています。この規則は、個人を特定するデータだけでなく、個人に関連するすべてのデータを対象とし、それらの取り扱いにあたっては同意の取得を原則としています。また、GDPRを補完する特別法として、電子通信における端末内情報の保護を目的とした「ePrivacy規則」の制定も審議されています。このePrivacy規則案では、端末内の全データが対象となり、GDPRのデータ対象に対する曖昧さが解消されています。

　さらに、欧州議会および欧州評議会によって承認された「デジタルサービス法（Digital Services Act：DSA）」と「デジタル市場法（Digital Markets Act：DMA）」もあります。これらの法律は主に大規模なプラットフォームやグローバルテックを対象とし、主に競争法の観点から規制されます。しかし、プライバシーに関する透明性や同意取得についても厳格な要求が設けられており、日本の大手事業者も無視することはできません。

・アメリカ

　アメリカでは、プライバシー保護が一般的に「消費者保護の一

部」と見なされ、さまざまな取り組みが並行して進行しています。具体的には、規制が先駆けとなるカリフォルニア州では、2020年に「カリフォルニア州消費者プライバシー法（California Consumer Privacy Act：CCPA）」が施行され、これをさらに進化させた「カリフォルニア州プライバシー権法（California Privacy Rights Act：CPRA）」が2023年7月に施行されています。これらの法律は消費者の権利を強化する目的で、個々の消費者が自身のデータについてのコントロール権を大いに享受することを可能にしています。

　データの開示や削除だけでなく、特にオプトアウト（任意の退出）の義務化が特徴的です。ここで言う「消費者のデータ」は、特定の個人を識別するものだけでなく、個人に関連するすべてのデータを含んでおり、これはEUのGDPRと同様の概念です。

　他の州でもそれぞれの独自の規制が制定されつつありますが、連邦全体としての法制定についても議論が進められています。ただし、現時点では具体的な制定の見通しは立っていません。

　一方で、消費者保護を実施する連邦の機関である連邦取引委員会（FTC）は、消費者のプライバシー保護に積極的に取り組んでいます。FTC法第5条に基づき、消費者のデータの取り扱いについて企業の責任を強く求めています。ここでも、「データ」は個人を特定するものだけでなく、広範に消費者に関連する情報を含んでいます。

・中国

　中国では2021年に個人情報保護法の施行など、プライバシー保護に関する法制度の確立が急速に進行しています。その多くは、欧州連合の一般データ保護規則（GDPR）を基盤としたものと見られています。その結果として、法の対象となるデータは特定の個人を

識別するものだけでなく、一般的に個人と関連する情報全般に及んでいます。

また、中国の個人情報保護法は、「国家安全が強調され、国家の関与が明確に規定されており、国家として、個人情報に強い関心を持っている」という特徴があります[2-4]。

●各国のプライバシー保護についての日本への影響

こうした世界の状況に対し、日本の個人情報保護法は、基本的に「特定の個人を識別できる情報」や、それを基に作成される匿名化情報や疑似匿名化情報を規制するものであり、規制の対象範囲が狭いといえます。

ただ、日本の個人情報保護委員会は、2023年3月に国際戦略を公表しています[2-5]。要約すると、以下の3つのポイントが挙げられます。

①2019年に日本政府が公表した「信頼性のある自由なデータ流通（Data Free Flow with Trust：DFFT）」の観点から、個人情報を安全・円滑に越境移転できる国際環境の構築
②技術革新や社会的課題等への対応について、国際動向の把握を踏まえた政策立案
③国境を越えた執行協力体制の強化

また、直近では2022年に「改正個人情報保護法」、「改正電気通信事業法」が施行されています。

この2つの法改正の背景にあるのは、リクナビの内定辞退予測問題です。2019年8月、就職情報ウェブサイト「リクナビ」が、学生

たちの内定辞退率を予測したデータを、本人から適切な同意を得ずに作成し、その結果を企業に対して有償で提供していたと報道されました。このニュースを最初に報じたのは新聞社でしたが、その後数々のメディアが同様の報道を行い、「就活生・社会人」の間で大きな議論の的となりました。

この件の問題点としては、「就活生からの十分な同意を得ず、Cookieを利用して得た情報を顧客企業に販売していた」こと、データから算出されたスコアで就活生に不利な影響が及ぼされる恐れがあることなどが挙げられます。

日本においても、プライバシーの保護対象が拡大することともに、個人データ保護が強化されています。今後もプライバシー保護についての法規制の動向を注視することが求められます。

COLUMN　インターネット広告時代の"安心できる"広告とは？

インターネットサービスに対する社会的不安が高まるなか、KINCHOでお馴染みの殺虫剤メーカー大日本除虫菊株式会社は、インターネット広告を逆手にとって新聞広告を勧める内容を日本経済新聞の広告として出稿（以下、キャッチコピーの一例を抜粋）。この広告は、第70回日経広告賞（2021年）の大賞を受賞しました[2-6]。

・インターネット広告とは大違い！ いま、いいよね。一方通行の新聞広告

・「ポイントやるから個人情報よこせ」なんて言わないよ！

・「広告見て買ったな、そしたらもう一回買え」なんて言わない

よ！

・この新聞広告を見た後、何をしてるか詮索なんてしないよ！

インターネット広告は、広告主とインターネット利用者の両者にとって利便性があることは間違いないですが、一方で負のインパクトがあることがよく理解できる内容だったのではないでしょうか。

（2）ESGの観点で企業に求められること

● ESG開示基準による要請

　GRIスタンダード[2-7]とSASBスタンダードではプライバシーに関してどのようなことが規定されているのかを見ていきましょう。

　まず、ESG開示基準から「なぜ顧客プライバシー保護が重要なのか」をあらためて考えると、次の理由が挙げられます。

> ・経済協力開発機構（OECD）「多国籍企業行動指針」に定められている通り、企業には「消費者のプライバシーを尊重し、個人データを収集し、保有し、処理し、又は提供するにあたっては、安全を確保するため、合理的な措置をとる」ことが期待されているため
> ・組織には個人情報の収集を抑制すること、合法的手段によってデータを収集すること、データ収集、使用、保護の方法について透明性を確保することが期待されているため
> ・個人の顧客情報を合意した目的以外の目的で開示、使用しないこと、またデータ保護方針・方法を変更した場合には顧客に直接通知することが期待されているため

　では、企業には具体的に何が求められているのでしょうか。とりわけ顧客プライバシー保護が重要（マテリアル）である場合、以下の内容を開示し、顧客プライバシー保護に関するマネジメント機能について情報提供する必要があります。

> ・顧客プライバシーに関するマネジメントの方法
> ・顧客プライバシーに関する具体的な不服申し立ての件数
> （規制当局から報告／正式なクレームとして認定した案件）

●業種ごとに求められる取り組み

　プライバシーの問題は、セクター／業種ごとに、インパクトの影響度・発生可能性が異なるため、マテリアリティは企業自身が評価し、重要性の判断を行うことが原則です。ただし、SASBスタンダードでは、セクター／業種ごとに、「どのインパクトがマテリアリティとして一般的に高いのか」が示されているため、参考となります。次ページ以降では、SASBスタンダードに基づくマテリアリティを見ていきますが、SASBスタンダードの和訳だけでは少しわかりづらいため、解説と参考事例も併せて付記します。参照ください。

> **セクター：サービス**
> **業種　　：広告・マーケティング**

　広告・マーケティングの企業では、蓄積されたデータをエンジニアリングとデータサイエンスの技術力で応用し、社会課題解決にむけたDX（デジタルトランスフォーメーション）の推進に取り組んでいます。たとえば、SNS広告の場合、年齢・性別、エリア、興味・関心などでターゲティングすることが可能です。今後は、バーチャルやメタバース上のコンテンツが登場し、充実することも予想されます。広告を出す側にとっては便利な一方、それだけ広告・マーケティングがユーザーの個人情報を扱っていることになるので、便利さと同時に消費者からの懸念も生まれている状況です。

　特に、多くの個人情報を預かるインターネットサービス事業者は、情報セキュリティリスクの低減および個人情報の保護に取り組む必要性が高く、安心、安全で安定したサービスの提供により、社会からの信頼を得ることが求められています。

業界の特色　　　　　　　　　　　　　　　　　**SASB**

・SNSやeコマースの普及で消費者のデジタルフットプリント（インターネット上に残る個人活動の記録）がより明確となっている

・広告主は、消費者の習慣や行動に関するより詳細な情報を入手することができ、非常に大量の個人データが利用されている

企業にもたらす負の影響　**SASB**

・ターゲットを絞った広告の利点と、データのプライバシーに関する顧客の懸念のトレードオフを考慮する必要がある

事例*：パーソナライズド広告での制裁金[2-8]

　アイルランドのデータ保護委員会（DPC）は2023年1月、ユーザーの同意を得ることなくパーソナライズド広告を提供し、欧州のプライバシー法（GDPR）に違反したとして、大手SNS企業に対して合計3億9,000万ユーロ（約550億円）の制裁金を科しました。

　同社の広告モデルをめぐる問題は、オーストリアの著名弁護士であり、プライバシー活動家でもあるマックス・シュレムス氏が、2018年5月のGDPR施行に合わせ、GDPR違反に当たるとDPCに申し立てたことに端を発しています。同氏は特に、パーソナライズド広告を許可または拒否する具体的な選択肢がユーザーに提示されず、パーソナライズド広告への同意が同社の利用規約に含まれていたことに対して懸念を示していました。

---

*ここでは、業界のリスクをわかりやすく説明することを目的として、報道やHPサイト等を参照元とし、公表時点における掲載内容を記載しています（以降同様）。

セクター：テクノロジー＆コミュニケーション
業種　　：ソフトウェアおよびITサービス

　ソフトウェアおよびITサービスの企業は、テクノロジーの力で新規性の高い商品・サービスを提供し、顧客の課題解決を目指しています。特にインターネット環境が整備されるなか、サブスクリプションサービスによるサービス型ソフトウェア（SaaS）モデルが業界に浸透しています。

　一方で、クラウドアプリケーションおよびクラウドプラットフォームの提供事業という個人情報の取り扱いが必要不可欠な業務を行っていることに鑑み、個人情報が個人の重要な財産であることを認識することが重要です。個人情報に関する法令等を遵守するため、個人情報保護マネジメントシステムを確立し、その継続的な見直しと改善に努めることが社会から求められています。

　SASBでは、ターゲット広告の販売、事業体の製品またはサービスの販売、レンタル、または共有等を通じて、データや情報を第三者に転送する二次目的で利用される利用者の数を開示することが求められることが特徴的です。

業界の特色　　　　　　　　　　　　SASB

・企業は顧客データを使用して、顧客に新しい製品・サービスを新しく導入・提供することで収益性を高めている
・個人データ、人口統計データ、コンテンツデータ、行動データなど、幅広く顧客データにアクセスしている
・クラウドのサービスを行っている企業に対して、政府が当該企業のデータベースにアクセスしている懸念がある

企業にもたらす負の影響

- 顧客データ管理不足やミスにより、収益の減少、市場シェアの低下、罰金の可能性やその他の訴訟費用を伴う規制措置につながる

事例：クラウドアプリケーション事業者による個人データ管理不備[2-9]

　コミュニケーションアプリ運営会社は、業務委託先の中国の関連会社の従業員が国内の個人情報データにアクセス可能な状態だったと発表。2018年8月から2021年2月まで、中国の関連会社の従業員が国内サーバーにある個人情報にアクセス可能な状態でした。関連会社は違反通報内容の分析ツールなどの開発業務を受託。個人情報には氏名、電話番号などのほか、通報内容にあたる「トーク」機能内や利用者が保存したメッセージ、画像も含まれていました。

　さらに、送受信された画像、動画およびファイルが韓国のデータセンターに保存されていたにもかかわらず、ユーザーを含め対外的には、「個人情報を扱う主要なサーバーは日本国内にある」という不正確な説明をしていたことも指摘されています。

> **セクター：テクノロジー＆コミュニケーション**
> **業種　　：電気通信サービス**

　電気通信サービスの企業は、通信インフラとICT（情報通信技術）サービスの提供、産業のデジタル化を通じて、人々の生活をより便利で豊かにするサービスを創造しています。デジタル化の要素技術のひとつである5Gは、超高速・大容量、超低遅延、多数同時接続の通信が可能なため、より高度なデジタル化を実現できます。また、通信インフラという基礎に、eコマースやメッセージ、ペイメントなどのサービスを掛け合わせることで、新たな社会価値の創出も期待されます。

　一方、通信ネットワークはライフラインであり、どんなときでも安定的につながるネットワークの維持に全力を尽くすとともに、顧客の大切なデータを保護することが期待されています。常に顧客をはじめ社会からの期待に応えられるよう、情報を適正に取り扱い、情報漏えいを防止することはもとより、高度化するサイバー攻撃から情報を保護することが求められています。

業界の特色　　　　　　　　　　　　　　　　　　`SASB`

- 顧客の位置情報、ウェブブラウジング、および人口統計データを使用して、自社サービスの改善と、顧客データを第三者に販売するビジネスモデルを採用
- プライバシーに関する社会的要請の高まりによって、顧客データ管理の透明性確保の重要性が増している
- 電気通信サービス会社は、顧客情報に対する政府の要請を受ける場合がある

企業に与える負の影響

・顧客プライバシーへの不適切な対応は、消費者の信頼感の喪失と顧客離れの結果として収益の減少、法的リスクによる財務的インパクトにつながる

事例：通信事業者による顧客情報流出事件[2-10]

　大手電気通信事業者の開発業務委託先の取引先社員が、顧客情報（氏名、住所、電話番号、連絡先など）を収納したパソコンを自宅に持ち帰って作業を行い、作業終了後もデータを保存。そのデータを知人に渡し、その後、恐喝未遂の容疑者にデータが渡り、流出規模は約400万件に及びました。事件後、従業員と知人は「著作権法違反」、恐喝実行犯2名は「恐喝罪」でそれぞれ起訴されています。

　また、当時の代表取締役社長兼会長の月例報酬を3カ月間20％返上するなどの社内処分を発表。さらに、総務省から行政指導が下されました。

　先進国、発展途上国を問わず、異なる社会集団間での健康格差が拡大しており、世界の人口の約3分の1は必要な医薬品を入手できていないといわれています。医薬品小売業の企業は、医薬品の提供を通じて、世界中の人々の健康に貢献しています。

　治療薬の開発、試験、生産の加速のためには、生物統計学や臨床薬理学などの定量的科学と、人工知能（AI）や機械学習（ML）等の高度分析技術が不可欠です。個人データとデジタル技術への依存が高まることで、サイバーセキュリティの懸念も高まります。

　SASBでは、プライバシー関連法に基づく顧客プライバシー防止方針、方針には、情報の収集、使用、保留、処理、開示、破壊等のライフサイクルにおけるプライバシーへの影響を記載することが求められます。また、データ収集時に、オプトインの同意、オプトアウトの許可が必要か、データ使用時は、内部的な使用、どの状況で第三者に共有等されているか、データ保持については、保持するデータの種類、保持期間、さらに、人的、物理的、技術的管理に関する安全管理措置について開示することが求められます。

業界の特色　　　　　　　　　　　　　　　　**SASB**

・保護対象保険情報を扱い、顧客情報保護に関する法規制の影響を受ける

・サイバー攻撃などにより、保険情報や個人データが危険に晒される可能性がある

企業にもたらす負の影響 SASB

・大規模なデータ漏えいにより、ブランド価値の毀損、偶発的な負債の発生、市場シェアの低下

事例：大手製薬会社での不正アクセスによる個人情報流出[2-11]

　大手製薬会社は、サーバーへの外部からのサイバー攻撃の結果、約1万3,000件の個人情報（従業員、採用候補者、派遣社員、取引先関係者の情報）が漏えいした可能性が高いと発表しました。

　これを受けて、同社はVPN（仮想プライベートネットワーク）接続の脆弱性を修正し、セキュリティ専門家のアドバイスに基づいて社内の全サーバーやPCなどの端末に対するセキュリティ対策を実行。また、流出した情報に関しては専門の窓口を設置し、対応を行う方針を発表しました。

　安全性確保のための初期対応としては、不正アクセスの起点となった可能性が高いと考えられるVPN装置の脆弱性を修正のうえ、全社員のパスワードの変更を実施。さらに、社内のすべてのサーバーおよびPCに外部セキュリティ専門家提供のエンドポイントエージェントを導入し、セキュリティスキャンを実施したうえで、監視体制を強化しました。

　医療提供機関では、COVID-19以降、ソーシャルディスタンス対策として、外来患者を対象としたオンライン診療等のバーチャルケア技術の導入が進んでいます。さらにクラウドコンピューティング、5G通信、人工知能を活用し、相互運用可能なデータ分析を通じて課題に取り組み、デジタルパワーを活用した新しいヘルスケア提供モデルの構築に挑戦しています。

　一方で、医療機関における個人情報は、患者の住所・氏名・年齢などに加え、カルテ情報・レセプト情報・検査記録・検査画像、通院／入院記録にいたるまでプライバシー性が高い情報を含みます。流失した個人情報はダークサイトで売買される場合もあり、機微性が高く多くの件数が収納されたリストが高値で売買される傾向にあります。顧客のプライバシー保護と安定・安心な医療サービス提供のため、医療提供機関のサイバーセキュリティは極めて重要です。

業界の特色　　　　　　　　　　　　　　　　`SASB`

・法律によって、患者の健康情報の完全性、機密性、可用性を保護することが求められる

・電子カルテ活用に補助金など金銭的インセンティブが与えられる場合がある

・一方で、医療提供機関に対するサイバー攻撃の脅威が高まっている

企業にもたらす負の影響

・電子カルテ利用とデータセキュリティの開示により株主は
　成果を把握できる

事例：大阪の病院でのサイバー攻撃事件と、医療サービス停止問題[2-12]

　大阪の総合医療センターでは、ランサムウェア（身代金要求型ウイルス）による身代金要求型のウイルスによるサイバー攻撃を受け、電子カルテなどのシステムに障害が発生しました。影響は、電子カルテ以外に会計や薬の処方のためのシステムにも及んでおり、病院では紙のカルテを作成するなどして緊急対応しました。

事例：徳島の病院でのランサムウェア攻撃事件[2-13]

　徳島県の病院では2021年10月、サイバー攻撃の被害に見舞われました。電子カルテシステムで患者情報を閲覧できなくなり、診療報酬の請求もストップ。電子カルテシステムとつながるプリンターが一斉に英文のメッセージを印刷し始め、ランサムウェアを使うロシア拠点のハッカー犯罪集団「LockBit（ロックビット）」からの犯行声明を受けました。

　マネジドケアの団体は、加入者の予防・健康づくりを通じて、企業・団体で働く従業員・職員の健康や働きがいに貢献しています。しかし、高齢化の進展等に伴い医療や年金等の社会保障給付費が増加する一方、生産年齢人口の減少を背景とした労働者不足により社会保障の支え手が減少していることなどを要因として、健保の財政悪化が社会問題化しています。こうした社会問題を解決するためには、DX推進による生産性の向上、電子申請、レセプト、健診結果等に基づく情報サービス強化による、健保や加入者の負担軽減と利便性向上が求められています。

業界の特色　　　　　SASB

- ・サービスである健康保険プランは、規制によって、患者の保険情報の使用、開示、保管、および送信に関する要件に準拠するよう求められる
- ・法規制違反は、重大な民事および刑事罰につながる
- ・マネジドケア企業を標的とするサイバー攻撃の脅威によってリスクが高められる

企業にもたらす負の影響　　　　　SASB

- ・電子カルテ利用とデータセキュリティの開示により株主は成果を把握できる

事例：全国健康保険協会、サイバー攻撃を受けた可能性[2-14]

　全国健康保険協会（協会けんぽ）は、4台の職員端末が外部との不審な通信を行っていたこと、および標的型メール攻撃などにより、外部との通信を隠れて行うマルウェアへの感染など、サイバー攻撃被害を受けた可能性があることを公表。これにより、各支部からのメールマガジンの配信、被扶養者資格再確認に使用する「被扶養者データダウンロード」「生活習慣病予防健診対象者データダウンロード」「医療費情報の照会」などを一時的に停止しました。

(3) ESGリスクマネジメントの実践

● 日本企業における「プライバシー保護の取り組み」の現状

　ここからは、企業が実施すべき「プライバシーに関するESGリスクマネジメント」について解説します。まずは日本企業におけるプライバシー保護の取り組みの現状を見ていきましょう。

　経済産業省と総務省によって設立された組織であるIoT推進コンソーシアムが行ったプライバシー保護に関する調査によると、以下の結果が示されています[2-15]。

・プライバシーステートメントや組織全体での行動原則について、51.9%の企業が、「明文化している」と回答している（**図表2-2-5**）。
・プライバシー保護組織などの内部体制の構築に関して、52.6%の企業が、「全社的に取り組んでいる」と回答している（**図表2-2-6**）。

図表2-2-5：プライバシーステートメントや組織全体での行動原則を明文化している企業の割合

Q12：経営者がプライバシー保護への取り組みとして、個人情報保護に加え、プライバシーに関して、プライバシーステートメントや組織全体での行動原則を明文化していますか。

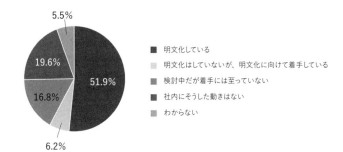

- ■ 明文化している
- □ 明文化はしていないが、明文化に向けて着手している
- ■ 検討中だが着手には至っていない
- ■ 社内にそうした動きはない
- ▨ わからない

図表2-2-6：プライバシーステートメントや組織全体での行動原則を明文化している企業の割合移

Q14：プライバシー保護組織などの内部体制を構築し、プライバシーに関する課題に取り組んでいますか。

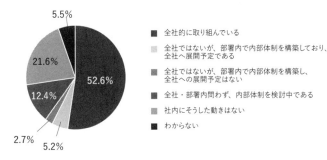

- ■ 全社的に取り組んでいる
- ▨ 全社ではないが、部署内で内部体制を構築しており、全社へ展開予定である
- ■ 全社ではないが、部署内で内部体制を構築し、全社への展開予定はない
- ■ 全社・部署内問わず、内部体制を検討中である
- ▨ 社内にそうした動きはない
- ■ わからない

出所：ともに一般財団法人日本情報経済社会推進協会「【全体版】プライバシーガバナンスに関する調査結果～アンケート調査 詳細報～」

この調査結果を見てもわかるように、企業全体で勘案すると、プライバシー保護に関する取り組みは半数程度であり、まだまだ進んでいないと考えられます。

● 「プライバシー保護の取り組み」の方向性

では、企業はどのような取り組みを行うべきなのでしょうか。

プライバシー保護の取り組みはさまざまありますが、ここでは近年注目を集めている「プライバシー影響評価（PIA）」と「AI利活用ガイドライン」に絞り、内部統制の観点から概要を解説します。

1. プライバシー影響評価（PIA）

PIA（Privacy Impact Assessment）は、情報システムが企画、構築、または改修される際に、そのシステムが情報提供者のプライバシーに与える影響を「予め」評価することで、システムの構築や運用が適切になるよう促す一連のプロセスを指します。

PIA の範囲、対象、どのように実施されるかについては、組織の規模、国・地域の法域に合わせて行います。日本では、PIA を法的に実施する要件はないものの、冒頭に記載したように、事業者の自主的取り組みとして PIA が推奨されます。

PIA を実施する際は、国際標準である ISO/IEC29134:2017 を参考に、自社に適した形で PIA の実施方法を策定することでもいいですし、中小企業などにおいては、業界団体などが提供するガイドラインを参考にするのでもいいでしょう[2-16]。ISO/IEC29134:2017 で示されたガイダンスを PIA 実施のステップ（準備から実施、フォローアップまで）に分けると、**図表2-2-7**のようにまとめられます。

図表2-2-7：PIAの実施ステップ

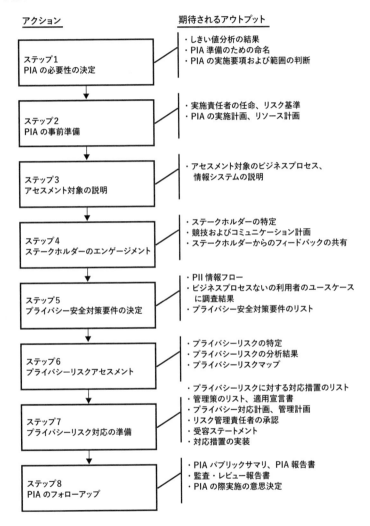

アクション

期待されるアウトプット

ステップ1
PIAの必要性の決定
・しきい値分析の結果
・PIA準備のための命名
・PIAの実施要項および範囲の判断

ステップ2
PIAの事前準備
・実施責任者の任命、リスク基準
・PIAの実施計画、リソース計画

ステップ3
アセスメント対象の説明
・アセスメント対象のビジネスプロセス、
　情報システムの説明

ステップ4
ステークホルダーのエンゲージメント
・ステークホルダーの特定
・競技およびコミュニケーション計画
・ステークホルダーからのフィードバックの共有

ステップ5
プライバシー安全対策要件の決定
・PII情報フロー
・ビジネスプロセスないの利用者のユースケース
　に調査結果
・プライバシー安全対策要件のリスト

ステップ6
プライバシーリスクアセスメント
・プライバシーリスクの特定
・プライバシーリスクの分析結果
・プライバシーリスクマップ

ステップ7
プライバシーリスク対応の準備
・プライバシーリスクに対する対応措置のリスト
・管理策のリスト、適用宣言書
・プライバシー対応計画、管理計画
・リスク管理責任者の承認
・受容ステートメント
・対応措置の実装

ステップ8
PIAのフォローアップ
・PIAパブリックサマリ、PIA報告書
・監査・レビュー報告書
・PIAの際実施の意思決定

出所：一般財団法人日本情報経済社会推進協会「プライバシー影響評価（Privacy Impact Assess
ment）～ ISO/IEC29134:2017のJIS化について～」

次に、実務ではどのようにPIAを実施しているのでしょうか。た
とえば、まずは「1. 守るべき情報資産の把握」「2. 脅威の特定と管
理策の把握」「3. リスク評価と管理策の検討／管理策のアドバイ
ス」の3ステップに分け、内部統制評価で使用される「3点セット
（業務フロー、業務詳細記述、RCM［リスクコントロールマトリッ
クス］）」のツールを活用する事例があります。これは、業務記述
書・業務フロー上で、個人情報を取得してから、利用・保管、消去
するまでを、データフローも踏まえ理解できます。また、RCMで
は、機密性・インテグリティ・可用性が損なわれる恐れはないか、
プライバシー関連法規制に違反することはないか、などを確認し、
対策を検討することができます。JSOXの文書化対応だけでなく、
リスクや統制に関する業務を整理・可視化できるため、PIAにも有
効なツールです[2-17]。

他にも、社内PIAの実施体制を構築するにあたり、サービス部門、
法務部門、情報セキュリティ部門、広報部門、CS部門、経営企画
部門を主な構成メンバーとし、横断組織でデータガバナンスを行う
という方法もあります[2-18]。

2. AI利活用ガイドライン

AI利活用ガイドラインでは、AIの利用者（サービス提供者を含
む）がAI活用の段階で考慮すべき事項を10原則として整理してい
ます。AIの利点拡大とリスク低減を目指し、AIに対する信頼を構
築することで、AIのより広範な利用と社会への統合を推進するこ
とが目的です。

政府で決定した「人間中心のAI社会原則」では、「開発者・事業者
それぞれにおいて、AI開発利用原則を策定すること」を期待してい

ます。この文書はその一環として、事業者向けのガイドとなっています。また、日本の考え方を国際的に共有し、世界的な議論に貢献するためのものでもあります。

AI利活用ガイドラインで定めている10原則は、以下の通りです[2-19]。

①適正利用の原則

利用者は、人間とAIシステムとの間および利用者間における適切な役割分担のもと、適正な範囲および方法で AIシステムまたは AIサービスを利用するよう努める。

②適正学習の原則

利用者およびデータ提供者は、AIシステムの学習等に用いるデータの質に留意する。

③連携の原則

AIサービスプロバイダ、ビジネス利用者およびデータ提供者は、AIシステムまたはAIサービス相互間の連携に留意する。また、利用者は、AIシステムがネットワーク化することによってリスクが惹起・増幅される可能性があることに留意する。

④安全の原則

利用者は、AIシステムまたはAIサービスの利活用により、アクチュエータ等を通じて、利用者および第三者の生命・身体・財産に危害を及ぼすことがないよう配慮する。

⑤セキュリティの原則

　利用者およびデータ提供者は、AIシステムまたはAIサービスのセキュリティに留意する。

⑥プライバシーの原則

　利用者およびデータ提供者は、AIシステムまたはAIサービスの利活用において、他者または自己のプライバシーが侵害されないよう配慮する。

⑦尊厳・自律の原則

　利用者は、AIシステムまたは AIサービスの利活用において、人間の尊厳と個人の自律を尊重する。

⑧公平性の原則

　AIサービスプロバイダ、ビジネス利用者およびデータ提供者は、AIシステムまたはAIサービスの判断にバイアスが含まれる可能性があることに留意し、また、AIシステムまたは AIサービスの判断によって個人および集団が不当に差別されないよう配慮する。

⑨透明性の原則

　AIサービスプロバイダおよびビジネス利用者は、AI システムまたは AI サービスの入出力等の検証可能性および判断結果の説明可能性に留意する。

⑩説明責任（アカウンタビリティ）の原則

利用者は、ステークホルダーに対しアカウンタビリティを
　果たすよう努める。

【AI利活用ガイドライン策定のポイント】

　それでは、自社に適合したAI利活用ガイドラインを策定する場
合はどのように工夫すればよいのでしょうか。

　公表事例を分析したところ、AI利活用ガイドライン上の10原則
のうち特にポリシーとして挙げている項目で多かったのは、「①適
正利用」「⑥プライバシー」「⑧公平性」「⑨透明性」「⑩説明責任
（アカウンタビリティ）」です。セキュリティの原則については、別
途セキュリティ方針があるため、AIポリシーに記載していない会
社もありました。他にも、10原則以外の項目として、「人材育成
（従業員の教育）」「トップマネジメント」「最新の知見の獲得」など
を全社的な取り組みとして挙げている企業もありました。

セキュリティ

（1）定義および現状と国際的な取り組み

●サイバー空間における脅威の増大

　技術の進展や社会構造の変化により、サイバー空間の社会への拡大・浸透がより一層進むなか、サイバー空間における悪意ある主体の活動は、社会・経済の持続的な発展や国民生活の安全・安心に対する深刻な脅威となっています。また、国家が政治的、軍事的目的を達成するため、諜報活動や重要インフラの破壊といったサイバー戦能力を強化していると見られており、安全保障の観点からも、サイバー攻撃の脅威は重大化しています。

　図表2-2-8は、2000年から2020年の間で起こった世界的なサイバー事件の一例です。図表内には含まれていませんが、2020年は日本で重要な情報を狙うと思われるサイバー攻撃、特に防衛産業を対象にしたサイバー攻撃の事件が次々と明るみに出ました[2-20]。

　また、「CHECK POINT サイバーセキュリティレポート2022年」によると、企業ネットワークに対する攻撃は前年比で50％増加しています。特に教育、調査機関が最大の標的で、週平均で1,605の攻撃を受けています[2-21]。

図表2-2-8：2000～2020年に起きたサイバー犯罪の一例

2000.01　我が国官公庁ウェブサイト改ざん事案

科学技術庁（当時）を始めとして、複数の中央省庁などのウェブサイトの改ざん事案が相次いで発生

2010.01　オーロラ作戦（Operation "Aurora"）の発覚

Googleを含む、インターネット、金融、テクノロジー、メディア、化学など、様々な分野の20以上の大企業を標的として、Internet Explorerの脆弱性を利用し、知的財産などを窃取

2010.11　マルウェア「Stuxnet」によるイラン核関連施設攻撃の発覚

イランのウラン濃縮施設の遠心分離機に対するサイバー攻撃が発覚。報道などによると、マルウェア「Stuxnet」が、遠心分離機を秘密裏に誤動作させ、約1,000台を物理的に破壊

2016.11　米国大統領選挙へのロシアの干渉

米国政府発表によると、ロシアは、ハッキングで窃取したメールなどの公開・拡散・偽情報の流布やSNS上での工作によって、2016年米国大統領選挙に対する影響力工作を展開

2017.05　ランサムウェア「WannaCry」事案

ランサムウェア「WannaCry」が世界中に拡散し、我が国を含む約150か国の政府機関、医療機関、企業などに感染被害が発生

2017.09　米国企業「エクイファクス」からの個人情報窃取の発覚

米国信用情報会社「エクイファクス」が不正アクセスを受け、米国民約1億4,500万人分の個人情報（氏名、生年月日および社会保証番号）などが窃取されたことが発覚

2020.12　IT管理ツールを利用したサプライチェーン攻撃の発覚

Soler Winds社製IT管理・監視ツール「Orion」の更新プログラムを悪用した大規模なサプライチェーン攻撃事案が発覚。米国サイバーセキュリティ・インフラセキュリティ庁（CISA）は、同ツールの即時利用停止を連邦省庁に指示する緊急指令を発令

出所：公安調査庁「サイバー空間における脅威の概況 2021」

図表2-2-9：企業・団体等におけるランサムウェア被害の報告件数の推移

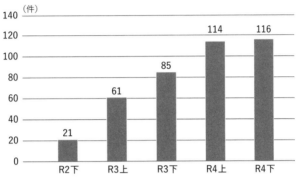

出所：警察庁、「令和4年におけるサイバー空間をめぐる脅威の情勢等について」

　また、日本に目を向けると、令和4年中に警察庁に報告されたランサムウェアによる被害件数は、230件と令和2年下期以降右肩上がりの状況です（**図表2-2-9**）。特に、IoT機器を対象としたと思われる海外を送信元とする不正アクセスが増加しています[2-22]。

　今後もDX（デジタルトランスフォーメーション）やメタバースなどデジタル化が進展していくため、サイバー空間における脅威もそれに比例する形で深刻さを増していくと考えられます。

●最もハッカーに狙われた国とは？

　ここで、皆さんに質問です。ハッカーから最も狙われている国はどこだと思いますか？

　個人向けの仮想プライベートネットワークサービスプロバイダであるNordVPNの調査結果（2022年）によると、過去15年間で重大なサイバー攻撃を受けた国は、1位アメリカ198件、2位イギリス58件、3位インド32件、4位ドイツ25件、日本は11位の16件です。調査対象は、政府機関、防衛・ハイテク企業に対するサイバー攻撃、

図表2-2-10：各国が受けた重大なサイバー攻撃件数（2006~2021年）

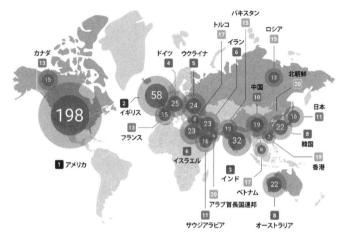

出所：NordVPN「過去15年間でハッカーに最も狙われた国トップランキング」

もしくは100万ドル以上の損失を伴うサイバー犯罪です。

　なお、5位のウクライナは、2015～2016年頃よりロシアのハッカーによる電力会社へのサイバー攻撃の被害に遭っており、同国へのロシアからの攻撃は2018年からさらに増大しています。また3位のインドは、領土問題を抱える隣国パキスタンと相互にサイバー攻撃を交えています。このパターンは、イランとイスラエル、イランと米国、そして北朝鮮と韓国、北朝鮮と米国や日本の関係にも見受けられます。

　これらの事例から、サイバー攻撃を大量に受けている国々の背後には、敵対的な国家が存在し、その国家が後援する強大なサイバー攻撃組織からの攻撃を多く受けている可能性が高いと考えられます。西洋諸国以外では、中国、ロシア、イラン、北朝鮮などが強力な国家支援のサイバー攻撃組織を持っているとされ、他にもパキスタン、

ベトナム、トルコなども同様です[2-23]。

●自社だけでなくサプライチェーンを対象とした対策が重要

　サイバーセキュリティの対策を考えるうえでは、自社だけでなくサプライチェーン全体を考慮する必要があります。実際、日本で急増するサイバー攻撃においては、サプライチェーンリスクが浮き彫りになっています。

　たとえば、2022年2月26日にトヨタの協力会社を襲ったハッカー攻撃は、サプライチェーン攻撃として注目されました。小島プレスの子会社が使っていたリモート接続機器の脆弱性に対して不正アクセスを受け、ランサムウェアにより保管データが暗号化[2-24]。同社によれば、特定サーバーやPC内データが暗号化されたとのことです。

　事案発覚から翌早朝、小島プレスは外部のサプライヤーとのコミュニケーションシステムを停止しました。これを受けて、トヨタは全国の工場（14工場28ライン）の稼働を一時停止すると発表。それがダイハツ工業や日野自動車などの子会社にも影響を及ぼし、これら企業の生産ラインも稼働を停止せざるを得なくなりました。結果として、全工場停止は1日で済んだものの、約1万3,000台に生産遅れが発生したと発表されています。

　トヨタの視点から見れば、資本関係のない、いわば「外注先」のサイバーセキュリティリスクが自社に大きなダメージを与えたことになります。こうしたリスクは一朝一夕で解決できるものではないため、今後も課題として残り続けると考えています。

　こうした状況を受け、近年は「ゼロトラスト」という考え方が注目を集めています。ゼロトラストとは、社内外のネットワーク環境

において伝統的な「境界」の概念を取り払う、新しいセキュリティの考え方です。保護すべき情報資産へのアクセスを行うすべての要素を一律に信用せず、その安全性を網羅的に確認することで情報資産に対する脅威を防ぐというアプローチを取ります。かつてはファイヤーウォール（外部ネットワークからの攻撃や不正アクセスから保護するためのソフトウェアやハードウェア）を設けて対応するのが一般的でしたが、それだと現実には不十分ということで、ゼロトラストの考え方が普及しています。

（2）ESGの観点で企業に求められること

●ESG開示基準による要請

ここからはセキュリティにおいて具体的にどのようなことが規定されているのかを見ていきましょう。GRIには「サイバーセキュリティ」に関する直接的な規定はなく、SASBでセクター・業種ごとに規定されている状況です。

では、企業には具体的に何が求められているのでしょうか。とりわけ顧客プライバシー保護が重要（マテリアル）である場合、以下の3点の開示が求められます。

---

(1) 情報セキュリティに関する以下の取り組み

・セキュリティの運用手順や管理プロセス

・取引先の選定

・従業員に対するトレーニング

・技術的な対策

(2) サイバーセキュリティリスク管理に関する以下の取り組み
- ・導入するサイバーセキュリティリスク管理基準
- ・上記基準が適用されるサービス・製品等
- ・脆弱性の特定と対処
- ・上記基準の運用に関する第三者による検証

(3) 製品のデータセキュリティ
- ・ハードウェアベースの暗号化製品
- ・多要素認証デバイス
- ・情報保障システム
- ・セキュリティで保護された通信システム
- ・インテリジェンス主導型コンピュータネットワーク防御システム
- ・侵入テスト
- ・脅威監視

　上記に加え、「情報漏えい案件の件数と機密情報や個人情報がどの程度漏えいしたか」という観点での開示が求められます。

●業種ごとに求められる取り組み

　反セキュリティの問題は、セクター／業種ごとに、インパクトの影響度・発生可能性が異なるため、マテリアリティは企業自身が評価し、重要性の判断を行うことが原則です。ただし、SASBスタンダードでは、セクター／業種ごとに、「どのインパクトがマテリアリティとして一般的に高いのか」が示されているため、参考となります。次ページ以降では、SASBスタンダードに基づくマテリアリ

ティを見ていきますが、SASBスタンダードの和訳だけでは少しわかりづらいため、解説と参考事例も併せて付記します。参照ください。

> **セクター：消費財**
> **業種　　：電子商取引**

　電子商取引の企業は、人々の生活を支える社会インフラのひとつとして、インターネットの特性を生かし、手軽かつ便利なサービスを提供しています。EC事業は、コロナ禍の巣ごもり需要を通してユーザー数が拡大しましたが、人々の行動制限が解除となった後でも、ユーザー数、ユーザーごとの利用頻度、購入額ともに増加し、堅調な成長を遂げています。

　一方で、顧客の個人情報をはじめとする各種営業情報と、ハードウェア、ソフトウェアなどの情報システムからなる情報資産は、事業活動を展開するうえで不可欠な資産です。特に、クレジットカードを含むペイメントカードを取り扱うビジネスにおいては、カード会員データのセキュリティは、顧客財産を守るため極めて重要です。そのため、情報資産の適切な保護・管理を通じた情報セキュリティの確保が、経営上の最重要課題のひとつに位置付けられています。情報セキュリティの確保に向けて弛まぬ努力を続け、対策を継続的に強化していくことが必要です。

　SASBでは、セキュリティの運用手順や管理プロセス、取引先の選定、従業員に対するトレーニング、技術的な対策などの情報セキュリティに関する取り組みと、法律違反、自主規制違反の事案について、データ漏えい件数、個人を特定できる情報(PII)に関する割合、影響を受ける利用者数を開示することが求められます。

業界の特色

- ・ビジネスモデルとして安全な電子決済の処理は重要
- ・サイバー攻撃が続いていることから、消費者のサイバー攻撃の脅威が高まっている
- ・信頼されるブランドの確立は、競争上の優位性の確保に大きく寄与する

企業にもたらす負の影響

- ・利用者の財務情報や個人情報の安全性を担保できないと、市場シェアの維持の大きなリスクとなる

事例＊：オムニECシステムがサイバー攻撃による情報漏えい

2-25

　約80社が利用するSaaSのサーバーがサイバー攻撃を受けた結果、11社もの流通業のEC（電子商取引）サイトから顧客情報が流出しました。

　漏えいした可能性がある利用者情報は延べ43万件以上で、カード情報も含まれます。攻撃手法は「クロスサイトスクリプティング（XSS）」。SaaSの提供元は攻撃検知ツールなどを導入していましたが、守りを突破されました。

＊ここでは、業界のリスクをわかりやすく説明することを目的として、報道やHPサイト等を参照元とし、公表時点における掲載内容を記載しています（以降同様）。

```
┌─────────────────────────────────────────────┐
│ セクター：消費財                              │
│ 業種   ：マルチライン・専門小売業者・卸売業者 │
└─────────────────────────────────────────────┘
```

　マルチライン、専門小売業者、卸売業者は、国内外に数多くの店舗を保有するとともに、自社でのECサイトを構築・運用しています。特に近年では、デジタルテクノロジーへの取り組みを強化し、価格の最適化や消費者ニーズの分析など、小売業の新たな時代への対応に注力しています。競合他社との価格競争が激しいなか、市場シェアの維持と、自社開発商品の展開による利益率の高い商品・サービスづくりが、重点課題のひとつとなっています。

　競争が激しい事業環境下において、個人情報の漏えいや、セキュリティ事案発生によるサービス停止は、企業に重大な影響を及ぼします。そのため、厳しい経営環境下においても、リソースを適切に導入しセキュリティ対策を十分に行うことが求められています。

　SASBでは、セキュリティの運用手順や管理プロセス、取引先の選定、従業員に対するトレーニング、技術的な対策などの情報セキュリティに関する取り組みと、法律違反、自主規制違反の事案について、データ漏えい件数、個人を特定できる情報（PII）に関する割合、影響を受ける利用者数を開示することが求められます。

業界の特色 `SASB`

- ・クレジットカードやデビットカードなどの現金以外の決済が多く利用
- ・小売業者は個人情報の安全性を保障
- ・市場シェアを維持するためには、安全な評価を得ることの重要性が高まっている

企業にもたらす負の影響 `SASB`

- ・大規模な情報漏えいによって、ブランド価値を毀損する

事例：カタログギフトECの情報漏えい[2-26]

カタログギフト販売ECサイトの運営事業者は、第三者による不正アクセスを受け、顧客のクレジットカード情報（最大28,700件）および個人情報（最大15万236件）が漏えいした可能性があることを発表しました。ECサイトの脆弱性を攻撃した不正アクセスで、アプリケーションが改ざんされたことが原因とされています。

漏えいした可能性のあるクレジットカード情報には、名義人名、カード番号、有効期限、セキュリティコードを含んでいます。

漏えい懸念が発覚したのが2022年2月、そして本件の公表をしたのが2022年7月ということで、公表に時間を要したことも問題視されました。

> **セクター：食品・飲料**
> **業種　　：食品小売・流通業者**

　食品小売・流通業者の企業は、店舗網、物流基盤、POS（販売時点情報管理）などの事業インフラを活用と、顧客の生活様式に合った新しい商品・サービスを提供することで、豊かな生活を支えています。特に近年では、宅配の需要により的確に応えるため、AIを活用した配送プロセスの構築、会員数などの顧客資産を活用した決済・金融サービスとの融合などにも取り組んでいます。

　顧客にとっては、安心・安全に利便性の高いサービスを利用できるようになった一方で、それに見合う高いセキュリティレベルを満たすことが求められています。たとえば、ECサイト上で顧客行動を分析することで、不正を早期に検知することなどが挙げられます。

　SASBでは、セキュリティの運用手順や管理プロセス、取引先の選定、従業員に対するトレーニング、技術的な対策などの情報セキュリティに関する取り組みと、法律違反、自主規制違反の事案について、データ漏えい件数、個人を特定できる情報(PII)に関する割合、影響を受ける利用者数を開示することが求められます。

業界の特色 `SASB`

・電子決済取引を活用
・サイバー攻撃等によるデータ漏えいは企業に対する信頼を
損なう

企業にもたらす負の影響 `SASB`

・企業に対する信頼低下により、顧客の訪問数の減少、収益
やブランド価値の低下につながる

事例：食品事業会社の通販サイトに対するサイバー攻撃[2-27]

　デザートバイキングを運営する某食品事業会社は2022年6
月7日、同社の通販サイトがサイバー攻撃を受け、顧客のクレ
ジットカード情報が漏えいしました。

　漏えいした可能性があるのは、2021年8月28日から同年12
月8日の期間中、同サイトでクレジットカード決済を利用した
7,409人のカード情報7,645件でした。漏えいの可能性がある情
報は、名義人の名前やカード番号、有効期限、セキュリティ
コードです。

```
┌─────────────────────────────────┐
│ セクター：資源の変換            │
│ 業種　　：航空宇宙・防衛        │
└─────────────────────────────────┘
```

　航空宇宙・防衛業界の企業は、防衛装備庁の「装備品等及び役務の調達における情報セキュリティの確保に関する特約条項（通称「防衛産業サイバーセキュリティ基準」）に従い、防衛関連の調達契約を対象に要求される管理策を整備することが求められます。また、サプライチェーンネットワークに含まれる委託先企業に対しても、基準への準拠が求められています。

　SASBでは、セキュリティの運用手順や管理プロセス、取引先の選定、従業員に対するトレーニング、技術的な対策などの情報セキュリティに関する取り組み、ハードウェアベースの暗号化製品、多要素認証デバイス、情報保証システム、セキュリティで保護された通信システム、インテリジェンス主導型ネットワーク防御システム、侵入テスト、脅威監視などの製品データセキュリティに関する事項、法律違反、自主規制違反により顧客へ通知された事案を対象に、データ漏えい件数と機密情報が含まれる割合を開示することが求められます。

業界の特色　　　　　　　　　　　　　　　　　　**SASB**

　・データセキュリティの確保のために、企業が研究開発に投資し、システムと製品のセキュリティを向上させるために短期的および中期的に設備投資を増やす必要がある

企業に与える負の影響　SASB

・重大なセキュリティ違反は、規制措置、法的措置、または
　収益とブランド価値に悪影響を及ぼす

事例：不正アクセスによる企業機密の流出可能性[2-28、2-29]

　大手総合電機メーカーがサイバー攻撃を受けた問題で、防衛
省は2021年12月に流出した可能性がある安全保障上の機密な
情報は計59件だったとする調査結果を公表しました。

　防衛省によると、同社は同省関連のデータファイルを社内の
インターネット端末に保存。2019年3月、中国を拠点にする
管理サーバーがサイバー攻撃を受け、そこから国内の端末に不
正アクセスが確認されたとのことです。

　不正アクセスを受けた防衛関連情報は約2万件あり、同省は
このうち59件について、「安全保障への影響を及ぼす恐れのあ
るデータファイルだった」としています。

```
┌─────────────────────────┐
│ セクター：サービス      │
│ 業種　　：教育          │
└─────────────────────────┘
```

　教育サービスを提供する機関・組織は、高水準の教育研究の先導、イノベーションや知の多様性の源泉となる学問の発展を通じて、社会全体の発展へ貢献することが求められます。さらに、グローバルで公共的価値への投資が活発化・加速化するなかで、従来の学校運営から経営目線への転換、教育機関・組織の知的インフラのネットワーク集積機能を活かし、国家の成長戦略のひとつとして貢献することも求められています。

　一方で、学内外のあらゆる場所に端末が持ち込まれ、インターネット接続により、研究を行うことが当たり前になりつつある環境下で、多様な構成員による、多岐にわたるIT資産の利用実態を有する教育機関の特性を鑑みると、情報セキュリティ対策は重要となっています。多数に保持する研究者の個人情報のみならず、特に先端技術情報については、科学技術競争力の維持・強化と安全保障の観点から、情報保護が強く求められています。

業界の特色　`SASB`

　・キャンパスがオープンな環境であることから、データセキュリティのリスクが高い

企業にもたらす負の影響　SASB

・サイバーセキュリティの侵害、学生の過失等によって機密情報が漏えいすると、不正アクセスや情報窃盗などの重大な社会的問題が生じる可能性がある

・学校のセキュリティ対策の有効性に対するレピュテーション低下の可能性があり、その結果、風評被害が生じ、学生を惹きつけ、維持することが困難になる

・セキュリティ侵害問題を是正・防止のために多額の費用がかかる可能性がある

事例：日本の大学へのサイバー攻撃、2018年から5年間で89件[2-30]

　日本の大学が外部からのサイバー攻撃により、情報システムがコンピューターウイルスに感染したり、身に覚えのないメールを外部に送信したりする被害が2018年から22年の5年間で延べ89件あったことが2023年3月、トレンドマイクロの調査でわかりました。たとえば、22年12月に被害に遭った県立大では、名誉教授のメールアカウントが乗っ取られ、本人のアドレスから46通のメールが勝手に送信されました。名誉教授のアカウントには22年8月以降、海外から1,000件を超える不正アクセスがあったといいます。

　先端技術の不正入手に利用される恐れがあり、文部科学省は「攻撃が巧妙になっている」と警戒を強めました。

　プロフェッショナルサービスおよび商業サービスの企業は、業界や幅広い領域で深い知見を有するコンサルタントや研究員が、企画・構想段階における有益なアドバイス、仮説検証による継続的な価値提供等により、高付加価値なサービスを提供しています。特に、人口減少という深刻な社会課題を抱える日本では、人口や労働時間の減少を上回る生産性や付加価値を創出することが求められています。それは、経済活動を行う企業だけでなく、行政サービス、地方創生など公共サービス分野でも重要です。

　一方で、顧客の重要な情報を扱う現場では、顧客や社会から信頼され続けられるよう、顧客から預かった秘密情報に関するセキュリティ管理は重要です。業務上提供を受けた秘密情報等の情報資産を消失、改ざん、漏えい、および不正使用等の脅威から保護することが事業活動の継続的かつ安定的な成長に必要不可欠であることを認識し、経営の最重要課題のひとつに位置付けることが求められています。

業界の特色　`SASB`

・専門サービスを提供するためにクライアントに関する機密データや個人データを保存・処理・共有している

・サイバー攻撃、内部者による不正・過失により、企業のレ
ピュテーションを毀損し、クライアントの信頼を失う可能
性がある

事例：大手コンサルティング会社での顧客情報の漏えい[2-31、2-32]

　大手コンサルティング会社が、契約を結んでいる大手流通グ
ループのDX戦略の一部資料を、秘密保持条項に違反し、競合
他社に会議資料として流出していたことが週刊誌に掲載。これ
をうけて、事実関係について調査委員会が設置され、第三者の
弁護士の検証も踏まえて調査をした結果、当該資料は同社を起
点として漏えいし、週刊誌に掲載された事実が確認されました。
同社は企業に対する謝罪を行ったことを報告するとともに、再
発防止策としての情報管理体制の抜本的強化、本事案の発生の
原因となった風土と仕組み、ガバナンスについて改革すること
を公表しています。

（3）ESGリスクマネジメントの実践

●他国企業と比較した日本企業の現状

　ここからは、企業が実施すべき「セキュリティに関するESGリスクマネジメント」について解説します。まずはセキュリティ対策における日本の現状を見ていきましょう。

　NRIセキュアテクノロジーズ株式会社が実施した「企業における情報セキュリティ実態調査2022」（日・米・豪の3カ国で実施）によると、CISO（Chief Information Security Officer：最高情報セキュリティ責任者）を設置している企業の割合は、日本では全体の39.4％であり、アメリカの96.2％やオーストラリアの96.0％と比べて大幅に低い結果が出ています。

　また、情報セキュリティの管理や社内システムのセキュリティ対策に従事する人材の充足状況について、「どちらかといえば不足している」と「不足している」を合計した回答割合は、日本企業で89.8％となり、前年度の90.4％とほぼ同じでした。ちなみに、同じ選択肢について集計した結果はアメリカが9.7％、オーストラリアが10.8％でした[2-33]。

　また、日本政策金融公庫の調査によると、「同業の中小企業に比べた自社の情報セキュリティ対策の現状」では、「対策が進んでいる」と回答した企業は、全体のわずか6.7％です（**図表2-2-11**）。この調査は、日本政策金融公庫が2021年4月にインターネット調査会社を通じて実施し、1,030社から回答を得たもので、調査対象は中小企業基本法で定める中小企業のうち、仕事で情報機器（パソコン、タブレット、スマートフォン）を利用した企業です[2-34]。

図表2-2-11：同業の中小企業に比べた自社のセキュリティ対策の現

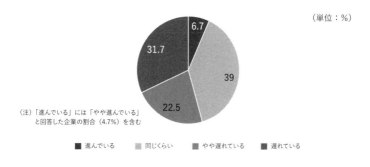

（単位：%）

6.7
31.7
39
22.5

（注）「進んでいる」には「やや進んでいる」
　　と回答した企業の割合（4.7%）を含む

■ 進んでいる　　▨ 同じくらい　　■ やや遅れている　　■ 遅れている

出所：日本政策金融公庫「調査月報2　2022 No.161」

　これらの調査結果から、日本では企業規模問わず、セキュリティ対策が進んでいないことが読み取れます。

●情報セキュリティに関するフレームワークの全体像

　続いて、企業や組織はどのようなセキュリティ対策を実施すればよいのかを解説します。

　特に、サイバー攻撃に対する社会的不安から、ここ数年取り組みへの要請が高まっているサイバーセキュリティフレームワーク（CSF）から解説することとします。CSFは2013年2月の大統領令に従い、米国立標準技術研究所（NIST）が政府部門と民間部門からの意見を収集し作成したサイバーセキュリティ対策フレームワークで、その略称で広く知られています。

　2014年2月、NISTはCSFの1.0版を発表し、それまで情報セキュリティマネジメントシステム（ISMS）が主導していたセキュリティ対策のフレームワークに新しい選択肢を提供しました。その後

の5年間で、サイバーセキュリティリスクが増大し続けるなか、CSFは多種多様なセキュリティフレームワークにおいて、数多くの企業や組織に採用されています。日本国内でも、サイバーセキュリティ対策を強化するためのガイドラインとして多くの企業や組織がCSFを参照しています。

　NIST CSFは、他の主要なフレームワークと比較して、特に「サイバー攻撃への対策に特化」「一般的な要件を広範囲に適応可能」「リスクベースのアプローチを採用」「フレームワーク自体を無料で公開」していることが評価されています。このフレームワークは、ISMS、CIS Controls、PCI DSSなどの既存の主要なフレームワークと比較して**図表2-2-12**のような特性を示しています[2-35]。

図表2-2-12：代表的なフレームワークとの比較

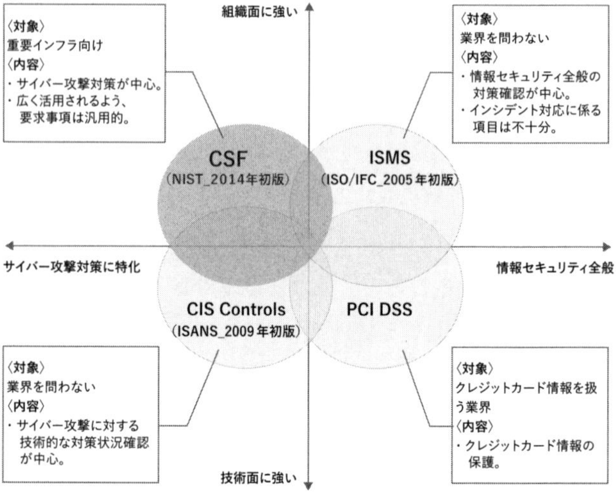

出所：NRI SECURE「【解説】NIST サイバーセキュリティフレームワークの実践的な使い方」

見ていただければわかるように、「情報セキュリティ全般」と「サイバー攻撃対策に特化」、「組織面に強い」と「技術面に強い」の2軸から4領域に分類されます。

●各フレームワークの定義

　図表2-2-12に示した4つのフレームワークのうち、ISMS、CIS Controls、PCI DSSについて見ていきましょう。なお、これらのフレームワークはどれもすべての対策を網羅していません。自社のセキュリティ対策の目的や状況に応じて、各フレームワークを補完しながら活用することが推奨されます。

・ISMS

　ISMSは、「個別の問題ごとの技術対策の他に、組織のマネジメントとして、自らのリスクアセスメントにより必要なセキュリティレベルを決め、プランを持ち、資源を配分して、システムを運用すること」であり、JIS Q 27001 (ISO/IEC 27001：ISMSの要求事項を定めた国際規格) により、組織がISMSを確立し、実施し、維持し、継続的に改善するための要求事項が国際規格として示されています[2-36]。

・CIS Controls

　CIS Controlsは、アメリカのセキュリティ非営利団体でCIS (Center for Internet Security) が定めたガイドラインです。18のコントロールと153の具体的なセーフガードを設け、対象企業を3つに分類し、対策の優先順位を定めています[2-37]。

・PCI DSS

　PCI DSS（Payment Card Industry Data Security Standard）
は、2006年9月に設立された米国PCIデータセキュリティ基準
審議会（PCI SSC）が制定した事実上の国際標準基準です。
カード会員データを保護するために規定された技術面および運
用面のベースラインとして活用できますが、体系的かつ定量的
に策定されているため、組織全体のセキュリティ対策としても
参考にされています[2-38]。

●まずは情報セキュリティマネジメントシステムを構築する

　情報セキュリティリスクはどの企業にも存在するという事実を踏
まえたうえで、そのリスクをどのようにマネジメントするのかを考
える必要があります。

　具体的には、まずISO/IEC 27001を参考または取得し、自社にお
ける情報セキュリティマネジメントシステムを構築します。

　ISOを取得している企業は、業種でいうと「情報技術」が多く
（**図表2-2-13**）[2-39]、導入の目的としては、顧客の信頼を確保するた
めであることを鑑みると、まずは事業上の要請からISOを取得する
か否かを判断することが望ましいと考えます。

　構築のステップとしては、まず附属書Aに記載された情報セキュ
リティ管理策（「組織的な管理策」「人的な管理策」「物理的な管理
策」「技術的な管理策」の計93項目）について、構築するか否か、
構築しない場合はなぜ不要なのかを整理することから行いましょう。

図表2-2-13：ISOを取得している業種の割合

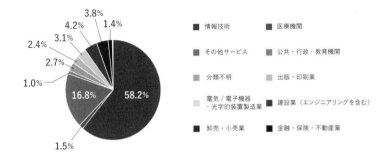

凡例：
- ■ 情報技術
- ■ 医療機関
- ■ その他サービス
- ▨ 公共・行政・教育機関
- ▨ 分類不明
- ▨ 出版・印刷業
- □ 電気／電子機器・光学的装置製造業
- ■ 建設業（エンジニアリングを含む）
- ■ 卸売・小売業
- ■ 金融・保険・不動産業

58.2%
16.8%
1.0%
2.7%
2.4%
3.1%
4.2%
3.8%
1.4%
1.5%

出所：情報マネジメントシステム認定センター（ISMS-AC）
「ISMS適合性評価制度に関する調査報告書」

●サイバーセキュリティフレームワークの実践

　サイバーセキュリティフレームワークは、主要なインフラを扱う事業者だけでなく、サイバーセキュリティ対策が必要なすべての事業者・組織体に適用範囲が広がっています。とりわけ前述したセクター・業種の中でも、機密情報やクレジットカードなど個人情報を扱う場合、他の業種よりもサイバーセキュリティリスクが高いため、**図表2-2-12**のなかでも「サイバー攻撃対策に特化」の部分をより強化する必要があります。

　以下では、サイバーセキュリティフレームワークの概要を整理しています[2-40]。

①フレームワークコア（Framework Core）

　すべてを完全に防御できるわけではなく、検知からいかに早く復旧するかを前提にしています。業種や重要インフラとは関係なく、

共通となる具体的なサイバーセキュリティ対策を、下の5つのコア機能と、23のカテゴリーで構成されています。セキュリティ対策を検討する際に、自社に足りない対策を明確にし、必要なツールを導入するための指針となります。

　なお、全社統制の「ITへの対応」、IT全般統制に以下の要素を検討し、サイバーセキュリティリスクの程度に応じて、対応策の整備を行います。

1　識別（Identify）
2　防御（Protect）
3　検知（Detect）
4　対応（Respond）
5　復旧（Recover）

②インプリメンテーションティア（Implementation Tier）

　自社のセキュリティ対策のレベルがどの程度にあるのか、組織のサイバーセキュリティ対策がどの段階にあるのかを評価する基準を指します。「ティア1（部分的である）」から、「ティア4（適応している）」の4段階に分かれており、現状が低いレベルにある場合は、より高いレベルを目指すことが推奨されます。必ずしも上のレベルに到達することが求められているわけではなく、組織が置かれている環境、リソース等から総合的に判断します。

③フレームワークプロファイル（Framework Profile）

「現状（As-Is）」と「あるべき姿（To-Be）」を文書等で明確化し、そのギャップを把握することで、企業のセキュリティ対策の改善計画

を策定することを目的とします。現状把握は、自社の置かれた経営環境やリスク許容度、人員やセキュリティ機器導入等のリソースを調査します。

●**事例から見るサイバーセキュリティフレームワーク活用**

　ここで、サイバーセキュリティフレームワークをより理解いただくため、セキュリティ事案による再発防止策と同フレームワークについて、調査報告書などをもとに整理してみましたので、以下に紹介します[2-41]。

　産業技術総合研究所（以下、産総研）は2018年、クラウドサービスを利用するメールシステム、独自に構築する内部システムの双方への不正アクセスの結果、以下の不正行為を受けました。

①職員のログイン ID の窃取
②パスワード試行攻撃によるパスワード探知
③職員のログイン ID・パスワードを用いた、内部システムへの不正侵入
④内部システムのサーバの「踏み台」化
⑤メールシステムおよび内部システムの複数のサーバに保管したファイルの窃取または閲覧

　機密性の高い情報は漏えいしなかったものの、以下の情報が漏えいまたは閲覧されたとのことです。

①未公表の研究情報 120 件
②共同研究契約等に関する情報 約 200 件

③個人情報を含む文書 約 4700 件

④全職員の氏名・所属

⑤143 アカウント分の電子メールおよび添付文書

　原因は以下の①〜④が挙げられますが、特に2011年に外出先からでもメールを使えるよう、メールシステムをクラウド化し、直接インターネットからアクセス可能にした要因が大きいことが指摘されています。また一部の部門で、Web接続による外部レンタルサーバサービスを使っていましたが、当該サービスに遠隔操作できる機能があり、不正アクセスにも悪用されました。

①システム・機器の問題

・メールシステムのログイン方法

・内部サーバと連携していた外部サイト

・広域でフラットな内部ネットワーク

・内部ネットワークの不十分な監視

・アクセス制限のなかった管理用ネットワークサーバーの存在

・情報機器の脆弱性

②パスワード・暗号鍵の管理と強度の問題

③外部委託業者の管理の問題

④マネジメントの課題

　遠隔操作ができる環境は便利ではあるものの、その反面サイバー攻撃を受けるリスクが高まることを示した事例といえるでしょう。

　産総研は不正アクセス事件後、**図表2-2-14**のように再発防止策

を公表しました。サイバーセキュリティフレームワークとの関係性は筆者が当てはめを行ったものとなります。

　前述した「識別（Identify）」「防御（Protect）」「検知（Detect）」「対応（Respond）」「復旧（Recover）」の5つのコア機能と、同研究所の再発防止策が関連していることがわかります。CSFはその名の通りあくまでフレームワークであるため、実際の再発防止の中身は状況や事案等によって異なりますが、抽象的なサイバーセキュリティフレームワークの概念を具体的にイメージできるひとつの参考情報になったのではないでしょうか。

図表2-2-14：コア機能と再発防止策

CFSの5つの機能	再発防止策
1 識別（Identify） 組織が目標を達成するための方針、ガバナンス、サプライチェーンも対象としたリスクマネジメントとしての脅威分析と要求事項の把握、リスク対策など	・CISOの下に情報セキュリティ対策部署を設置
2 防御（Protect） サイバー攻撃への防御として、認証やアクセス制御といったシステム面での対策に加え、教育等の人的対策、システム環境分離等の組織的な対策や保守など	・メールシステムおよび内部システムのログインに多要素認証の導入 ・研究用ネットワークと業務用ネットワークを分離 ・有効なパスワードの設定方法や、重要情報の管理、情報端末の管理等について、運用ルールを見直し、職員に周知徹底
3 検知（Detect） ネットワーク、ソフトウェア、物理的環境における不正アクセス等の異常の定義、検知方法、検知したイベントに対するモニタリングなど	・内部通信の監視を強化
4 対応（Respond） 対応計画に基づく、インシデント報告、社内外関係者とのコミュニケーション、影響把握、封じ込め等の低減策	・各研究部門にセキュリティチームを設置
5 復旧（Recover） セキュリティインシデントが発生した場合は、事業を継続させるための早急な復旧が欠かせないため、復旧計画の策定とメンテを、社外のプロバイダー、他組織のCSIRTとの連携など	・情報セキュリティインシデントの深刻度に応じた事業継続計画および緊急時対応計画を立案

●日本のサイバーセキュリティフレームワーク

　ここまでは国際的なサイバーセキュリティフレームワークを紹介してきましたが、日本では経済産業省がサイバーセキュリティのフレームワークガイドラインを公表しています。

・「サイバー・フィジカル・セキュリティ対策フレームワーク」

　サイバー・フィジカル・セキュリティ対策フレームワーク（CPSF）は、「Society5.0[*]」や「Connected Industries[**]」の文脈で、サプライチェーン全体のセキュリティ保障を目指しています[2-42、2-43]。CPSFでは、「コンセプト」「ポリシー」「メソッド」の3つの要素が定義されており、これらに加えて、産業への適用例やセキュリティ対策の具体的な例などが添付資料として提供されています。ここで示されているフレームワークは、三層構造と6つの構成要素から成り立っています（**図表2-2-15**）。

・「サイバーセキュリティ経営ガイドライン」

　経済産業省では、独立行政法人情報処理推進機構（IPA）とともに、大企業および中小企業（小規模事業者を除く）のうち、ITに関するシステムやサービス等を供給する企業および経営戦略上ITの利活用が不可欠である企業の経営者を対象に、経営者のリーダーシップの下で、サイバーセキュリティ対策を推進するため、「サイバーセキュリティ経営ガイドライン」を策定しています。

　この背景には、企業活動の多くをデジタル環境に依存する現在、会社法の求める内部統制システムの構築や必要な体制の整備、コーポレートガバナンス・コードに基づく開示と対話等において、サイバーセキュリティに関するリスクを経営として認識し、必要な対策を行う必要があることが関係しています[2-44]。

＊ Society 5.0 とは、サイバー空間（仮想空間）とフィジカル空間（現実空間）を高度に融合させたシステムにより、経済発展と社会的課題の解決を両立する、人間中心の社会のこと。狩猟社会（Society 1.0）、農耕社会（Society 2.0）、工業社会（Society 3.0）、情報社会（Society 4.0）に続く、新たな社会を指すもので、第5期科学技術基本計画において我が国が目指すべき未来社会の姿として初めて提唱された。
＊＊ Connected Industries とは、データを介して、機械、技術、人などさまざまなものがつながることで、新たな付加価値創出と社会課題の解決を目指す産業のあり方のこと。モノとモノがつながるIoTによる付加価値だけではなく、人と機械・システムの協働・共創による付加価値、技術が人とつながることで人の知恵・創意がさらに引き出される付加価値、さらには、国境を越えて企業と企業がつながることによる付加価値、世代を超えて人と人がつながることで技能や知恵を継承する付加価値など、さまざまなつながりによる価値創出が実現する産業の姿を目指すことをコンセプトとしている。

図表2-2-15：各層におけるセキュリティ対策の概要

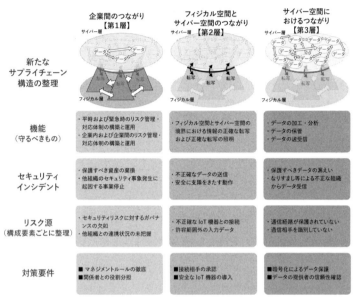

出所：経済産業省「サイバー・フィジカル・セキュリティ対策　フレームワーク」

　主な対象は経営者やCISOですが、情報セキュリティ部門の実務者も参考になるガイドラインです。

　日本企業については、前述した国際的なフレームワーク4つに加えて、CPSFとサイバーセキュリティ経営ガイドラインを含めた合計6つを最低限チェックする必要があります。それを踏まえてどのような対策を講じるのかは業種、あるいは企業によって異なります。今後は、2023年7月に米国SECが公開会社に対してサイバーセキュリティリスクに関する取り組みを公開する規制を発表[2-45]したように、サイバーセキュリティに関するリスク管理、ガバナンス等の取り組み開示がますます求められることが予想されます。

「身代金を支払った企業の68％が1カ月以内にもう一度攻撃を受けた」との調査結果があるように[2-47]、一度サイバー攻撃を受けた企業は再度狙われる可能性が高いことがわかります。これは、Ransomware as a Service（RaaS）といわれるように、犯罪スキームがパッケージ化され攻撃者の間で情報共有がすぐに行われるなかで、攻撃者に対して犯罪収益を獲得できる見込みが高いターゲットという認識を与えてしまうためです。

よって、一度被害を受けた企業はすぐに十分な再発防止策を確実に実施することが重要となってきます。内部統制報告書からサイバーリスクに対して内部統制上どのような対策を実施しているのかを以下で見てみましょう。

製粉分野で日本国内シェア2位を持つ株式会社ニップンで、2021年7月に不正アクセスにより社内サーバのデータの全部または一部が暗号化され、システム停止やネットワーク遮断により業務停止となった問題が発生し、法定期限内に決算発表ができなくなりました。不正アクセスは、VPNの脆弱性に対して攻撃されたこと、サーバへの不正侵入は、アクティブディレクトリ（ADサーバ）の管理権限が奪取されたことが原因です。また被害が拡大した背景に、社内ネットワークのファイアーウォールの二重化ができていなかったことが指摘されています。

同社では、内部統制（全社統制の「リスク評価と対応」に該当）に関して、**図表2-2-16**の再発防止策を実施しています。

VPNやADサーバは、財務報告に直接関係しないためIT全般統制（ITGC）の対象ではありませんが、サイバー事案が内部統制の有効性評価にも大きな影響を与えることがわかる事案だったかと

思います。本事案でも指摘されている通り、サイバーセキュリティに関するリスクは重要な経営課題のひとつと認識して、内部統制上の対応が十分か定期的に検討することが重要となります。

図表2-2-16：ニップン事案における再発防止策

1)　サイバーセキュリティに関するポリシー群が不十分であったこと
当社は2022年3月28日開催の取締役会で、「情報セキュリティ基本方針」の制定を決議しました。同時に「情報セキュリティ管理規程」等の規程類を整備いたしました。具体的な運用ルールや手続きを記した要領、ガイドライン、マニュアル等を定め、インシデント発生時の行動指針やフローチャートを策定し、脆弱性管理ルールにもとづいたパッチ適用の運用をし、システムの重要度に応じたバックアップ方針（バックアップ方式、頻度、保管先）に基づき運用し、インシデント発生時の財務報告への影響を低減する復旧体制を構築しました。
2)　サイバーセキュリティ管理体制における明確な指示系統・責任体制の曖昧さ
2022年3月に上記情報セキュリティ管理規程において、サイバーセキュリティ管理体制の明確な指示系統・責任体制を定めるとともに、2022年2月25日開催の当社取締役会において情報システム推進部を新たに設置することを決議し、2022年3月28日の当社取締役会においてIT管掌取締役選任の報告がありました。これによってサイバーセキュリティ対策における責任と権限が明確化され、運用面における業務内容の可視化・共有化が進み、属人化を防ぎ、IT戦略に関する他部門との調整や具体的対応をつつがなく行うことができる体制が構築されました。
3)　IT・サイバーセキュリティに関する経営層のリーダーシップに基づく管理体制や経営資源（人材、投資等）の確保が不十分だったこと
本件インシデント発生以後、直ちに対策本部を設置して当社代表取締役の指示のもと、本件インシデントで 指摘された課題に対する改善に全社一丸となって取り組んでおります。IT関連の新体制が決議されたことにより、必要な人材確保や予算措置がより具体的かつ迅速に実行できる組織基盤が構築されました。2022年3月28日開催の当社取締役会に内部監査の一環として「情報セキュリティ監査」の整備が報告されました。内部監査の結果は当社取締役会に報告されます。（途中省略）これによって、経営層のサイバーセキュリティに対する意識向上が図られて、ITに係る経営戦略（人材確保・投資を含む予算措置など）の体制が構築され、適切なリスク評価と対応が行われました。

2/3 人権・労働

　現代社会において、人権尊重や働く人の安全・安心な職場環境整備は企業の社会的責任として強く求められています。企業がこれらの要素を適切に管理しない場合、レピュテーションリスク、法規制違反リスク、訴訟リスクなど、多岐にわたるリスクに直面する可能性があります。逆に、人権や労働権の尊重をビジネスの一部として組み込むことは、社会的信認を向上させ、従業員のロイヤリティを高めることができます。

　昨今、注目を浴びている企業の人権対応ですが、本書ではリスクマネジメント実務の観点から、特に押さえてほしい人権・労働問題を示すデータと主な問題事例、ESG開示基準における要求事項、人権デューデリジェンス実施のための必要な要点のみを解説します。人権に特化した専門書・実務本は多数ありますので、詳細はそちらにお任せしたいと思います。

(1) 定義および現状と国際的な取り組み

●人権とは

　最初に、人権の定義について確認しましょう。

　人権とは、人間としての尊厳を保つために不可欠なもので、性別、人種、国籍、宗教、社会的地位、思想などの差異に関係なく、すべての人々が等しく享受することが保障されています。

　人権には、生命権や身体の自由、思想や良心の自由、そして「経

済的、社会的、文化的権利（労働の権利、健康で文化的な最低限の生活を営む権利、教育を受ける権利など）」が含まれます。

　ここからは、人権の中でも「労働」の問題にフォーカスして解説していきます。その理由は、労働者の人権は企業の経済活動に関連しているためです。

　まず、労働者の人権保護は企業の責任である、ということについて、多くの読者は理解されていることかと思います。企業は人的リソースを確保するために労働者を雇用しますが、それと同時に、労働者が適正な賃金を得て、安全で健康的な労働環境で働けることを保障する責任があります。また、企業が労働者の人権を保護することで、労働者のエンゲージメントが高まり、企業の競争力向上にも寄与します。

　次に、多くの国では労働者の人権を保護するための法律があり、企業はそれらを遵守する法的義務があります。労働基準法や最低賃金法、安全衛生法などは労働者の人権を具体的に保護するための法律であり、これらを遵守しないと罰金や刑事責任を問われる可能性があります。

　さらにESG投資の観点からも、労働者の人権は重要な指標となっています。投資家やステークホルダーは、企業が労働者の人権を尊重し、持続可能なビジネスを行っているかどうかを評価するため、企業の労働環境や労働慣行に注目しています。

　これらの理由から、労働者の人権保護は、企業の持続的な成長を支え、社会的な信用を維持するために重要なテーマとなります。

●世界的な人権・労働問題の現状

それでは、定量的な数値に着目し、人権・労働問題の現状について解説していきましょう。

まずは、人権問題の現状です。2023年3月のCIVICUS Monitorの調査によると、国家やテロによる弾圧を受けている国は117カ国あり、2017年の111カ国から増えています。2021年の人口比率で見ると、約7割の人々が「抑圧された環境」にいることになり[3-1]、世界で見ると日本や欧米を除き人権問題はまだまだ解決されていないことがよくわかります。

続いて、労働問題の現状に目を向けると、2021年9月に発表された世界労働機関（ILO）と世界保健機関（WHO）の初の共同報告書では、業務関連の傷病が原因で死亡した人の数を190万人（2016年）と推計しています。原因は、長時間労働が約75万人と最も多く、粒子、ガスなどの暴露、傷害、アスベストが続きます（**図表2-3-1**）[3-2]。日本でも一時期長時間労働による過労自殺の問題が指摘されていましたが、長時間労働は海外でも重要な問題であることがわかります。

図表2-3-1：業務関連の傷病が原因で死亡した人の数（2016年）

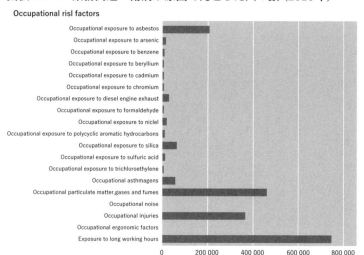

Occupational risl factors

出所：World Health Organization and International Labour Organization, WHO/ILO Joint Estimates of the Work-related Burden of Disease and Injury, 2000–2016

　また、ILOの調査結果によると、世界中で約2,500万人が強制労働を受けており、うち約430万人が子どもとされています。地域では、東アジアと東南アジアが最も多く、1,655万人を占めます。セクターでは家事が最も多く、次いで建設、製造、農業と続きます（**図表2-3-2**）[3-3]。

　強制労働の現状を見ると、1日当たり2,760万人が強制労働を課せられており、この数字は全世界で1,000人当たり3.5人が強制的に働かされていることを意味します。女性と少女が全体のうち1,180万人を占め、子どもは330万人を超えています。

　経年変化では、近年、強制労働は増加の一途をたどっています。2016年との単純比較で見ると、2016年から2021年の間に、発生率では全世界で強制的に働かされている労働者が1,000人当たり3.4人

図表2-3-2：強制労働者の数

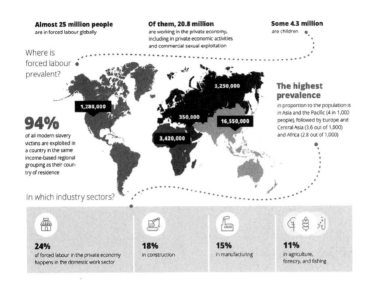

Almost 25 million people
are in forced labour globally

Of them, 20.8 million
are working in the private economy,
including in private economic activities
and commercial sexual exploitation

Some 4.3 million
are children

Where is
forced labour
prevalent?

94%
of all modern slavery
victims are exploited in
a country in the same
income-based regional
grouping as their coun-
try of residence

1,280,000

3,250,000

350,000

16,550,000

3,420,000

**The highest
prevalence**
in proportion to the population is
in Asia and the Pacific (4 in 1,000
people), followed by Europe and
Central Asia (3.6 out of 1,000)
and Africa (2.8 out of 1,000)

In which industry sectors?

24%
of forced labour in the private economy
happens in the domestic work sector

18%
in construction

15%
in manufacturing

11%
in agriculture,
forestry, and fishing

出所：International Labour Organization, Forced Labour: Global Overview

から3.5人とほぼ横ばいですが、強制労働の被害者の人数でみると270万人増加しています[3-4]。

　続いて、職場における暴力とハラスメントについてです。ILO、ロイドレジスター財団、ギャラップ社が分析した共同報告書によると、心理的な暴力やハラスメントの経験をしているのは、被雇用者の男女のうち17.9％です。また、身体的な暴力やハラスメントは8.5％で、女性よりも男性の被害が多いこと、一方で、性的な暴力やハラスメントにあったことがあると回答したのは6.3％で、女性の被害が多いことがわかりました。同調査は2021年、121の国と地

域の15歳以上の被雇用者約7万5,000人を対象にインタビュー形式で実施されています（**図表2-3-3**）[3-5]。

人権・労働問題は「身体的」と「社会的」に大別されます。ここまでは「身体的」を中心に現状を見てきましたが、「社会的」な視点でも定量的な数値を見てみましょう。

ILOは2023年3月、労働市場における性別間の格差について指摘した報告書「New data shine light on gender gaps in the labour market」を公表しました。この報告書によると、就職の機会や労働条件における男女の格差は、私たちが以前に認識していたものよりも深刻な問題であることが明らかになりました。

図表2-3-3：職場における暴力とハラスメント

Figure 1.3

Share of persons in employment who have experienced physical violence and harassment at work and last time experienced, by region, by income group and by sex, 2021 (%)

Survey question: Have you, personally, ever experienced physical violence and/or harassment at work, such as hitting, restraining, or spitting?

▌Total ▐Women ▐Men ■Yes, in the past five years ▐Yes, more than five years ago or not sure when

		Yes, in the past five years	Yes, more than five years ago or not sure when
Global	Total 8.5	6.1	2.4
	Women 7.7	5.5	2.2
	Men 9.0	6.5	2.5

Figure 1.5

Share of persons in employment who have experienced psychological violence and harassment at work and last time experienced, by region, by income group and by sex, 2021 (%)

Survey question: Have you, personally, ever experienced psychological violence and/or harassment, such as insults, threats, bullying, or intimidation at work?

▌Total ▐Women ▐Men ■Yes, in the past five years ▐Yes, more than five years ago or not sure when

		Yes, in the past five years	Yes, more than five years ago or not sure when
Global	Total 17.9	14.2	3.7
	Women 18.6	14.5	4.1
	Men 17.3	13.9	3.4

出所：International Labour Organization, Lloyd's Register Foundation, GALLAP, Experiences of violence and harassment at work: A global first survey

ILOの新たな指標である「労働需要不足（jobs gap）」は、働く意志がありながら職に就けていないすべての人々を対象にしています。この指標によると、低所得国では、職を見つけられない女性の割合は24.9％、対照的に男性のその割合は16.6％でした。これは通常使用される失業率よりも、女性の就労状況がかなり厳しいことを示しており、女性が職を得ることが男性に比べて依然として難しい状況であることを示唆しています。

「働きたいが仕事がない」と答えた世界の生産年齢人口のうち、女性は15％、男性は10.5％でした。男女差は、2005年から2022年にかけてほとんど変化していません（**図表2-3-4**）[3-6]。

　さまざまな調査データから、人権・労働問題の現状について見てきましたが、どちらの問題も依然として大きく残っていることが読み解けます。

図表2-3-4：ILOの新たな指標 労働需要不足（jobs gap）

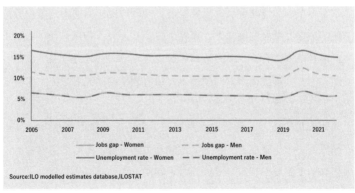

出所：International Labour Organization, New data shine light on gender gaps in the labour market

●企業における人権問題の具体例

　続いて、企業による人権・労働問題を見ていきましょう。以下に一例を示しましたが、NGOからの指摘等によって企業の人権問題が明らかとなり、訴訟や不買運動につながっているものもあります。

・ナイジェリアでの石油採掘による環境汚染（1970年代から）
・東南アジアのアパレル下請工場での強制労働・児童労働（1997年）
・バングラデシュのラナプラザ崩落事故（2013年）
・タイ水産業での強制労働（2014年）
・ファーストリテイリングの中国下請け工場での劣悪な労働環境（2015年）

　特に、ファーストリテイリングの件は、強く印象に残っている人も多いのではないでしょうか。

「ユニクロ」を展開する同社は、中国のサブコントラクターが運営する工場での労働法違反、低賃金と長時間労働、劣悪で危険な労働環境、厳格な罰金制度などが横行しているという告発を受けています。国際人権NGOヒューマン・ライツ・ナウ（HRN）などの3つの国際的な人権団体が共同で行った秘密調査の結果として、労働者への不公平な待遇が明らかになりました。

　同報告によると、低賃金と長時間労働、床を覆う排水と40度近い高温下での作業など、劣悪で危険な労働環境、そして労働者への厳格な罰金制度が存在していたことが明らかになりました[3-7]。

●人権に関する国際的な枠組み、原則・指針

こうした企業による人権問題を受け、人権に関する国際的な枠組みや原則・指針が以下の通り定められています。人権方針の策定や人権保護プロセス整備に参考となりますので、まだ読んでいない方はまずは一読ください。

①労働における基本的原則及び権利に関するILO宣言（1998年）

　ILO総会で「労働における基本的原則及び権利に関するILO宣言」を採択。グローバル化の進んだ現代世界にあって最低限遵守されるべき基本的権利（ILO中核的労働基準）として、結社の自由・団体交渉権の承認、強制労働の禁止、児童労働の禁止、差別の撤廃の4分野にわたる労働に関する最低限の基準を定めています。

②国連グローバル・コンパクト（2000年）

　国連グローバル・コンパクト（UNGC）が、世界的に普遍的な価値として国際社会で認められている4分野（人権、労働、環境、腐敗防止）に関して定めた10原則。UNGCの署名企業はトップ自らのコミットメントのもと、その実現に向けて努力を継続することが求められます。

③国連ビジネスと人権に関する指導原則（2011年）

　人権に関するグローバルなビジネス活動の影響防止・軽減のため、政府と産業界の義務と責任を概観した初めての国際的な枠組み。①人権を保護する国家の義務、②人権を尊重する企業の責任、③救済へのアクセスの3本柱で整理。企業の責任では、企業方針によるコミットメント、人権デューデリジェンスなどを要請しています。

④OECD多国籍企業行動指針 (2011年)

OECDは1976年、多国籍企業に対して、責任ある行動を自主的にとるよう勧告するための「多国籍企業行動指針」を策定。2011年の改訂で、企業には人権を尊重する責任があるという内容の人権に関する章を新設。リスクに基づいたデューデリジェンスを実施すべき等の規定が新たに盛り込まれました。指針内の「Ⅳ人権」に関する部分は、企業の行動指針や行動規範の策定に参考となります。

⑤ILO多国籍企業及び社会政策に関する原則の三者宣言 (多国籍企業宣言) (2017年)

ILO理事会が1977年に採択。2017年の改訂で、ディーセント・ワークの課題に対応する原則を強化しました。企業活動の模範的ガイドラインになるもので、国際労働基準から導き出される労働の基本原則を企業がどのように適用すべきか、国家はどのようにこれを促進すべきか、勧告と指針を提供しています。特に、雇用、訓練、労働条件、労使関係などの労働に関する企業の取り組みについて理解することが重要です。

⑥責任ある企業行動のためのOECDデューデリジェンス・ガイダンス (2018年)

OECDは、企業がOECD多国籍企業行動指針を実施するため、人権、雇用・労使関係、環境、贈賄・賄賂要求・金品強要防止、消費者利益、情報開示など、事業運営とサプライチェーンに含まれるさまざまなリスクに対処する実務的方法を提示。デューデリジェンスの実施手順 (リスク特定・評価・対策実施・実施状況・結果追跡調査・公表・伝達) も規定しています。人権デューデリジェンスの

目的やプロセスの解説だけでなく、Q&Aにより実務上の論点が充実して記載されているため、同取り組みの手順を策定する際に参考となります。

●人権デューデリジェンスに関する各国法制化の状況

前項で紹介したフレームワークはあくまで企業の自主的な取り組みを促すためのものですが、国によっては法規制も存在します。

サプライチェーンにおける人権問題への対処を促す法令の先駆けとなったのは、2010年制定の「カリフォルニア州サプライチェーン透明法（The California Transparency in Supply Chains Act of 2010：CTSCA）」です。CTSCAは企業のサプライチェーンにおける奴隷制や人身売買への取り組みを消費者や企業に開示し、顧客が購入の意思決定をする際にこの情報を考慮できるようにすることを目的として制定されました[3-8]。

その後は、EUを中心に人権デューデリジェンスの法制化が進んでいます（**図表2-3-5**）。法制化の内容は、一定規模の会社に対して、サプライヤーに対する監査、証明書の入手等の人権問題防止のプロセス制定とその取り組み結果を公表させるものです。なお、CTSCAの取り組みを行っている日本企業としては、HOYA株式会社[3-9]などが挙げられます。

●日本における現状と対応

続いて、日本国内の人権・労働問題の現状と対応を見ていきましょう。まず日本の場合、諸外国と比べて男女格差、ジェンダー問題、サプライチェーンにおけるの労働環境の問題が特筆されます。

世界経済フォーラム（WEF）の調査によると、2022年のジェン

図表2-3-5：欧米等の人権デューデリジェンス義務化

国・地域	法規制の名称	施工時期	内容
米国 カリフォルニア	カルフォルニア州 サプライチェーン透明化	2012年1月	同州で事業を行う年間収益が1億ドル超の小売業者と製造行者を対象に、サプライチェーンにおける奴隷労働や人身取引の根絶努力に関する情報を開示することを義務付け
英国	2015年現代奴隷法	2015年7月	年間売上高が3,600万ポンド以上の営利団体・企業に、奴隷労働や人身取引がないことを確実にするための対応に関する毎年の声明公表を義務付け
フランス	親会社および発注企業の注意義務に関する法律	2017年3月	従業員数が一定規模以上の企業に対し、親会社が海外子会社やサプライチェーン上で及ぼす人権・環境に対する悪影響についての注意義務に関する計画書の作成・実施・有効性評価・開示を義務付け
オーストラリア	2018年現代奴隷法	2019年1月	同国で事業を行う年間収益が1億ドル超の企業などの事業体に対し、サプライチェーンと事業活動における現代的な奴隷制度の存在を調査し、リスク評価方法をその軽減措置を毎年報告することを義務付け
EU	紛争鉱物資源の輸入行者に対するサプライチェーン・デューデリジェンス義務規制	デューデリジェンス義務は2021年1月	スズ、タンタル、タングステン、金の鉱石や金属を「紛争地域および高リスク地域」から調達するEUの精錬事業者や輸入事業者に対し、調達する鉱物資源が紛争や人権侵害を助長していないことを確認するデューデリジェンスの実施を義務付け
オーストラリア NSW州	2018年現代奴隷法	2022年1月	年間収益が5,000万豪ドル超から1億豪ドルまでの企業などの事業体にも、連邦法に基づく自主的な報告を推奨
ノルウェー	企業の透明性および基本的人権とディーセント・ワーク条件への取り組みに関する法律	2022年7月予定	一定の条件を満たす同国所在企業に対し、デューデリジェンスを実施し、同内容を説明、公開するとともに、除法開示要求等に対応することを義務付け
ドイツ	サプライチェーン・デューデリジェンス法	2023年1月予定	従業員数が一定規模以上の企業に対し、間接的な取引先も含め自社のサプライチェーンに関わる国内外の全企業が人権・環境エイス国さらされないようデューデリジェンスと人権報告書の作成・公表などを義務付け
オランダ	児童労働注意義務法	未定 (2019年10月公布)	同国市場に製品・サービスを提供・販売する企業を対象に、サプライチェーン上における児童労働の問題を特定し、防止するためのデューデリジェンスを行うことを示す声明文の提出を、施工から6カ月以内に行うことを義務付け
カナダ	サプライチェーンにおける強制労働・児童労働の防止に関する法律案	2021年11月 法案が上院に提出	一定の条件を満たす企業に対して、強制労働等のリスク評価や管理のために講じた措置などを、連邦政府に報告することを義務付け
EU	企業持続可能性デューデリジェンス指令法案	2022年2月 法案発表	一定の条件を満たす企業に対して、バリューチェーンも含めた事業活動における人権や環境への悪影響を予防・是正する義務を課す提案

出所：ジェトロ「第Ⅳ章 持続可能な社会を目指す政策とビジネス」

ダーギャップ指数において、日本は世界116位。政治・経済で大きな男女格差があることがわかっています[3-10]。

　また、ジェトロの調査では、「海外進出日系企業のうち、59.8%の企業がサプライチェーンにおける人権問題を経営課題として認識」という結果も示されています[3-11]。

　それでは、こうした状況もあるなかで、日本政府としてはどのような対応を行っているのでしょうか。

　2020年10月に「『ビジネスと人権』に関する行動計画（2020－2025）」が策定されました。この行動計画では、今後の政府の取り組みや、企業活動における人権デューデリジェンスの実施と推進へ

の期待が明示されています[3-12]。

2021年6月には、コーポレートガバナンス・コード（企業統治指針）が改訂され、サステナビリティへの対応課題として人権の尊重が初めて明記されました[3-13]。

2021年11月には、経済産業省と外務省との共同実施による初の国内大規模調査（上場企業など760社が回答）の結果が報告され、回答企業のうち、人権方針を策定済みとする企業の割合は69％、人権デューディリジェンスの実施比率は52％と示されました[3-14]。

企業の取り組みを後押しする方策として、2022年9月、日本政府は「責任あるサプライチェーン等における人権尊重のためのガイドライン」を策定。企業に求められる人権尊重の取り組みについて、日本で事業活動を行う企業の実態に即して具体的かつわかりやすく解説し、企業の理解の深化を助け、その取り組みを促進することを目的としています[3-15]。今後は法制化に向けてどのような動きが出てくるか、注視が必要といえるでしょう。

（2）ESGの観点で企業に求められること

●ESG開示基準による要請

ここからは人権・労働問題において具体的にどのようなことが規定されているのかを見ていきましょう。第1部でGRIスタンダードとSASBスタンダードを紹介しましたが、GRI上で人権・労働を扱っている項目は数多くあり、本パートでは代表的な以下の項目について解説します[3-16]。

・労働安全衛生

傷害の防止と健康増進は、企業に労働者の健康と安全に対するコミットメントを示すことを求めています。企業はまた、規模や活動に適した労働安全衛生方針の策定、促進、実績評価、マネジメントシステム、プログラムへの労働者の関与が求められます。

・非差別

企業は、あらゆる人に対するあらゆる差別が起きるのを防ぐことが期待されています。これには職場での労働者に対する差別も含まれます。

製品・サービス提供に際しての顧客に対する差別や、サプライヤー、ビジネスパートナーを含むその他のあらゆるステークホルダーに対する差別についても、防止することが企業に期待されています。

・結社の自由と団体交渉

企業は、労働者の結社の自由や団体交渉の権利を尊重することを求められています。また、組織のビジネス関係（サプライヤーなど）における権利侵害により利益を受けないこと、権利侵害に加担しないことも求められています。

・児童労働

企業の事業活動において児童労働を防止するため、組織にはデューデリジェンスの実施が求められます。さらに、他者（サプライヤーや顧客など）とのビジネス関係において、児童労働の利用を助長しない、加担しないことも重要です。

・強制労働

組織の事業活動においてあらゆる形態の強制労働を防止・撲滅するため、企業にはデューデリジェンスの実施が、さらに、他者（サプライヤー、顧客など）との事業関係において、強制労働の利用に寄与、加担しないことが求められます。

●業種ごとに求められる取り組み

人権・労働の問題は、セクター／業種ごとに、インパクトの影響度・発生可能性が異なるため、マテリアリティは企業自身が評価し、重要性の判断を行うことが原則です。ただし、SASBスタンダードでは、セクター／業種ごとに、「どのインパクトがマテリアリティとして一般的に高いのか」が示されているため、参考となります。次ページ以降では、SASBスタンダードに基づくマテリアリティを見ていきますが、SASBスタンダードの和訳だけでは少しわかりづらいため、解説と参考事例も併せて付記します。参照ください。

セクター：採掘・鉱物加工
業種　　：建設資材

　建設資材メーカーは、人々の暮らしや街のインフラを支えるため、建築物や土木施設の建設工事現場で使われる建材や住宅設備機器を提供しています。特に近年では、環境・防災、デジタル対応などの高付加価値製品を開発・提供することでサステナブルな社会の実現にも貢献しています。

　一方で、社会課題の解決に貢献する価値を創出するためには、開発・生産現場における多数のリソース確保と、安全衛生活動の推進による労働者の安全と健康の確保が企業存続の基盤となっています。ちなみに、SASBでは、労災事故と、元従業員・現従業員における珪肺症の報告症例数の開示を求めていることが特徴的です。

業界の特色　　　　　　　　　　SASB
・建設資材会社の従業員や請負業者は、重機の使用や採石作業を行うケガなどの急性の影響、シリカ粉塵等による慢性の影響による重大な安全衛生リスクに晒される

企業にもたらす負の影響　　　　SASB
・労働者のケガ、病気、死亡事故は、規制上の罰則、レピュテーション毀損、労働者の士気と生産性の低下、医療費・補償費の増加につながる可能性がある

事例*：シリカへの職業曝露、2019年に世界で6万5,000人超の死亡推計[3-17]

　シリカ（ケイ素を構成元素として含んだ物質）への職業曝露は、金属、非金属や炭鉱・精製所、花崗岩の採掘・加工現場、水圧破砕作業、採石業、鋳物工場、セラミックスやサンドブラスト作業など、幅広い加工・建設現場で多く生じています。シリカを吸入すると、さまざまな肺に関連した疾病を引き起こし、また、IARC（国際がん研究機関）は、結晶質シリカが肺がんを引き起こすという十分な証拠があると結論づけています。曝露は、微粒子シリカ粉じんの沈着によって生じる、長期進行性の肺疾患「珪肺」の原因にもなるとされています。

　アメリカでは約230万人、欧州で300万〜500万人、日本で50万人、中国で230万人以上、インドで1,100万人、南アフリカで600万人以上の労働者が、シリカに職業曝露していると推計されています。

第2部　ESGリスクマネジメント──サステナビリティ文脈からあるべきリスクマネジメントを考える

＊ここでは、業界のリスクをわかりやすく説明することを目的として、報道やHPサイト等を参照元とし、公表時点における掲載内容を記載しています（以降同様）。

　エンジニアリング・建設サービスの企業は、高度な設計技術、建設技術、運転技術を保持するとともに、リソースを最大限活用するプロジェクトマネジメント力を発揮することで、社会に必要なインフラやプラント建設等のサービスを行っています。

　一方、労働集約的な業務が比較的多い業種であるなか、国内では、少子高齢化による労働人口の減少、建設作業所で働く人々の高齢化が進む一方で、外国人労働者が増加するなど、安全衛生への取り組み環境が複雑となっています。さらに、気候変動による自然災害の増加、猛暑の常態化などは、労働災害のリスクにつながる可能性があります。

　危険作業のロボット化やデジタル技術の活用による作業の省力化を進め、建設現場の安全・安心の確保に寄与することで、働く人々が安心できる安全衛生環境の向上、地域社会から信頼と共感をもって受け入れられることが求められています。

業界の特色　　　　　　　　　　　　　　`SASB`

・建設、保守や修理サービスでは、相当量の肉体労働を伴うエンジニアリング・建設サービス業界の死亡率と負傷率は、労働者が動力運搬や重機事故、落下事故、有害化学物質への曝露の結果、他の業界と比較して高い

企業にもたらす負の影響　SASB

- 安全衛生災害は、プロジェクトの遅延や中断の原因となり、プロジェクトコストの上昇や収益性の低下を招く可能性がある
- 労働者の健康と安全の保護を怠ると、罰金や罰則が科せられる可能性があり、深刻な災害は、重大な一時的費用や、法的措置や規制措置による偶発債務の発生につながる可能性がある

事例：建設会社に対する指名停止措置 [3-18]

　準大手総合建設会社の現場代理人は、2021年7月に工事現場内で、作業員が全治3カ月の骨折を負う労働災害が発生したにもかかわらず、所轄の労働基準監督署長に遅滞なく報告しなかったとして、労働安全衛生法違反の疑いで書類送検。近畿地方整備局から1カ月の指名停止処分を受けました。

```
┌─────────────────────────────────┐
│ セクター：資源の変換            │
│ 業種　　：産業機械・生産財      │
└─────────────────────────────────┘
```

　産業機械・生産財の企業は、素材、自動車、食品、農業、家電等のあらゆる分野の製造現場を支えるため、部品加工、溶接、成形、搬送等の製品・サービスを提供しています。

　近年では、エネルギー効率向上によるカーボンニュートラル実現への貢献、生産性向上の課題解決に向けたデジタル活用、人手不足、熟練労働者確保の問題、作業現場の負荷軽減要請を背景とした拡大するロボット需要への対応など、さらなる進化を求められています。

　一方で、グローバルメーカーを中心に、海外の現地採用者を積極的に活用し、グループ社員の約8割以上を、外国籍社員で占める会社も存在します。グローバルで労働安全衛生活動を推進し、労働災害による休業・生産停止リスクを低減することで、すべての労働者の安心・安全を確保することが重要な課題となっています。SASBでは、災害事例だけでなく、ニアミス情報の開示が求められることも特徴的です。

業界の特色　　　　　　　　　　　　　　　　`SASB`
 ・産業機械製造施設の従業員は、重機や装置の操作、感電等による健康および安全上のリスクに直面している

企業に与える負の影響　　　　　　　　　　　`SASB`
 ・安全衛生災害は、訴訟、および業務の中断、長期的な生産性の低下をもたらす可能性がある

> **事例：クローラクレーン社内試験中の死傷事故で従業員が有罪判決** [3-19]
>
> 　2018年7月、某製鋼所の関連会社の高砂工場で、製造した移動式大型クレーンの性能のテストをしていたところ、クレーンが折れて倒れ、近くにあった建物の一部も壊しました。1人が死亡、1人が意識不明の重体、2人が重軽傷を負いました。2020年3月、同社の従業員2名が業務上過失致死傷罪の有罪判決を受けました。

セクター：テクノロジー＆コミュニケーション
業種　　：半導体

　半導体企業は、デジタル社会の発展を支える重要な産業のひとつで、人々が便利で快適な生活を送れるよう、メモリ、トランジスタ、センサ、ダイオード等を供給しています。

　一方、拡散工程を含む半導体製造プロセスにおいては、水素やメタンなどのガス、フッ化水素、塩酸、硫酸、硝酸等の薬液を使います。それらには、発火性が高く危険なものや、人体や環境に有害なものも含まれます。

　事故や労働災害を防止するため、ガス供給設備、薬液供給設備に対するハード面の対策だけでなく、安全知識に関する教育訓練や万が一のための初期行動訓練などのソフト面の対策も重要となります。また一定期間の時を経て影響が出る長期健康調査への積極的な協力も期待されています。

業界の特色　　　　　　　　　　　　　　　`SASB`
- ・半導体の製造に関して、特に保守作業員は有害な化学物質の危険に晒される場合がある

企業に与える負の影響　　　　　　　　　　`SASB`
- ・安全衛生基準の違反は、純利益や偶発債務に影響を与え、金銭的な処罰や是正措置の追加費用が発生する可能性がある
- ・レピュテーション影響につながり、収益や市場シェアを低下させる可能性がある

事例：半導体素子製造工場において、使用した薬液の廃液の処理を誤り、塩化水素が発生して作業者が被災[3-20]

　半導体素子を製造する工場で、ウエハーのエッチング過程で用いた化学薬品の廃液を適切に処理しなかったため、塩化水素ガスが発生し、作業者が健康被害を被りました。

セクター：テクノロジー＆コミュニケーション
業種　　：電子機器受託製造サービス（EMS）

　EMS企業は、家電機器やパソコン、スマートフォンなどの大量少品種製品の製造工程をOEMメーカーから請け負う、いわゆる受託製造を行っています。完成組立工程の比重が高く、一般的に機能・品質上の差別化が難しいことから、価格競争となりやすい特徴があります。

　EMS企業は、コスト競争を行いつつ、契約社員を含むすべての労働者に対する良好な労働条件を確保し、安全・安心な職場環境を整備することが求められています。SASBでは、労働安全衛生リスクの把握の観点から、従業員・契約社員を対象とした災害・ニアミス情報の開示を求めています。

業界の特色　　　　　　　　　　　　　　SASB

- コストに関し競争が激しい環境で事業を行っているため、低コストで契約労働による労働資本の確保に大きく依存
- 下請業者、人材紹介会社、およびサプライヤーの多層化された体制への業界の依存が、問題の改善対策を困難にしている可能性がある
- 企業は多くの場合、直接費が比較的低く労働者の保護に対し規制と施行のレベル感が異なる国々に所在
- 製造で使用される危険物質や危険な装置に関連した労働条件、環境責任、労働者の健康と安全の確保が重要

企業にもたらす負の影響　SASB

・規制の強化と施行、労働災害は、企業がレピュテーション
　リスクに晒される可能性を高め、短期的・長期的なコスト
　や売上に影響を及ぼす

事例：中国工場の労働条件調査[3-21]

　2018年6月、台湾の大手 EMS企業は、アメリカの人権団体
が同社の中国工場の労働条件を問題視する報告書を公表したこ
とを受け、調査を行っていると発表しました。

　ニューヨークに拠点を置く人権団体「チャイナ・レーバー・
ウォッチ」は、同社がアメリカ大手IT企業から委託されてス
マートスピーカーと電子書籍端末を製造する湖南省の工場の労
働条件が劣悪と指摘。報告書は、5割増しが義務付けられてい
る派遣社員の残業代が、時給と同水準しか支払われていない点
や、ピーク時に月間の残業が100時間を超え、中国の法律が定
める36時間を大幅に上回っている点を指摘しています。

> **セクター：食品・飲料**
> **業種　　：小売・流通業者**

　食品小売・流通業者の企業は、社会構造変化や消費行動の変化を的確に捉え、品揃え・サービスの拡充、適切な商品・サービス構成、売場レイアウトの刷新等により、多様化するニーズへの対応と地域社会に対する利便性の向上に貢献しています。近年では、デジタルを活用し、非接触による無人決済、ネット配送サービスなど付加価値提供の拡充を目指しています。

　一方、飲食料品卸売業・小売業は全産業平均と比較し、勤務時間が長く、年間休日総数が少ないことが指摘されています。また、飲食料品小売業における、女性の就業比率、非正規の職員・従業員の割合が非常に高いことも示されています[3-22]。労働力不足・長時間労働が深刻化するなか、特にデジタル・情報技術の活用を通じた生産性向上が期待されています。

業界の特色　　　　　　　　　　　　　　　　　`SASB`

- ・食品小売・流通業者業界は、製品の低価格を維持するため、業界平均賃金が低い時間給労働者を多数雇用している
- ・企業は、従業員の権利を保護し、企業の評判とブランド価値を強化しながら生産性を向上させる方法で、長期的な視点を取ることから利益を得ることができる

企業にもたらす負の影響 　　　　　　SASB

・労働者の賃金と福利厚生への不満と組合率の高まりにより、大手食品小売企業で従業員のストライキが発生し、事業の混乱とレピュテーション被害を及ぼす可能性がある

・この業界の企業は、性別や人種差別の訴訟に関与しており、その結果、金銭的費用が高額になる場合がある

事例：長時間労働めぐる訴訟で元従業員と和解 [3-23]

　大手コンビニエンスストアチェーンのフランチャイズ（FC）加盟店で働いていた元従業員の男性が、大阪府内の加盟店の店主から長時間労働をさせられたり、日常的に暴行や暴言などのパワハラを受けたりしたと主張。2021年6月に大阪地裁でこの問題は和解となり、同社本部が男性に解決金を支払うことなどに合意しました。

事例：社員の過労自殺で遺族に約1億3,300万円支払い [3-24]

　大手居酒屋チェーンの子会社の正社員が、2008年に過労自殺したのは会社側の責任として、遺族が同社や創業者に損害賠償約1億5,000万円を求めた訴訟は、2015年12月に東京地裁で和解が成立。企業側が責任を認め約1億3,300万円を支払いました。

　自動車メーカーは、運転者・同乗者・歩行者等の人命を最優先に、自動車や関連サービスを提供することで、モビリティ社会の発展に貢献しています。自動車メーカーのモノづくりは、自社の工場のみならず、部品や資材調達などの重層的なサプライチェーンで働く、多くの作業者によって支えられています。また、マーケティング・販売・アフターサービスなどにおいても世界中のディストリビューターやディーラーを介して、さまざまな人々との接点があります。長時間労働、労働災害、労働者へのハラスメント、外国人労働者の強制労働リスクなどに適切に対処し、グローバルな事業活動における社会的責任を果たすことが期待されています。

　SASBでは、自動車業種に関するさまざまな人権・労働リスクのうち、ストライキやロックアウトに起因する作業停止件数、総停止日数の開示を求めています。

業界の特色　　SASB

・自動車インダストリーの労働者の多くは、労働者の基本的な権利のひとつである公平な賃金、安全な労働条件、結社の自由を取り扱う団体労働協約の対象となっている
・一方、グローバルな性質により、グローバルに事業を行う自動車会社では、労働者の権利が適切に保護されていない国でも事業を行う可能性がある
・労働者の権利を保護することで、自動車メーカーは、短期

的にはより高い人件費に直面する可能性があるが、労働者の生産性を向上させることにより、事業のサステナビリティを確保できる

企業に与える負の影響 `SASB`

・労働者の賃金や労働条件などの問題が起これば、またコミュニケーションに失敗すれば、生産の遅延や停止、収益減少、オペレーションリスクの上昇につながるストライキの長期化を招く労働者との衝突が起こる可能性がある

事例：外国人労働者の労働環境問題[3-25]

　自動車メーカー系列のサプライヤーで働いていた十数人のインドネシア人労働者が、家賃や光熱費、本国の送り出し機関に支払う手数料を差し引いた手取り額が毎月平均でおよそ9万円（時給約409円）の低賃金で働かされていたこと、ネパール出身の難民申請者は、同社向け車座席を製造する会社で通常シフトの2倍の時間を働くよう圧力を受けたこと、作業中に腰を負傷し、その後に解雇を言い渡されたことを、大手通信社によって告発されました。

```
┌─────────────────────────┐
│ セクター：運輸           │
│ 業種　　：貨物・物流     │
└─────────────────────────┘
```

　デジタル社会によるEC化の進展、顧客ニーズ・流通構造の変化は、貨物・物流企業のネットワークとオペレーション構造を抜本的に改革する必要性をもたらしています。

　従来の宅急便は、日中に集荷、夜間に発送仕分けと幹線輸送を行い、翌朝から配達する時間軸としたオペレーションを行っていました。一方で、EC荷物は、購入者による注文が集中する夜間以降、順次荷造り・発送作業が行われるため、従来のオペレーション時間軸とのズレが生じ、作業効率低下や追加コストが発生しています。

　これらに対応するため、オペレーションプロセスの簡素化によるコストの適正化、需要増減に対応できる組織力が求められており、従業員による柔軟なシフト対応、法人パートナーの重要性がますます高まっています。貨物・物流企業の従業員や請負業者のための適切な労働条件の確保が求められています。

業界の特色　　　　　　　　　　　　**SASB**

・主に宅配便の配送を独立請負業者に依存しており、規制当局による監視が厳しくなっている

企業にもたらす負の影響

- 賃金、福利厚生、および労働条件に関する従業員および請負業者からの訴えにより、訴訟に直面する可能性がある
- これにより、レピュテーションと従業員の雇用や維持能力にも悪影響を及ぼし、業務効率を低下させ、人員流出に伴うコストを増加させる可能性がある

事例：元ドライバー自殺は「労災」という判決[3-26]

　大手運輸会社のドライバーの男性社員は、名古屋市の配送センターで運転手を務め、センター長として運転手のシフト管理も担っていましたが、2016年3月に精神障害を発症し、翌月に自殺。その後、自殺の原因は長時間労働や仕事上のストレスだとして、遺族が労災認定を求めた訴訟判決が2020年12月にあり、労災が認定されました。

　裁判長は、判決の理由を説明するなかで、2015年12月の過度な時間外労働（130時間超）や、配送事故が続発しセンター長としての心理的ストレスが増大していた事実を指摘。そして、これらの労働環境が精神障害の発症を引き起こしたと認定し、名古屋北労働基準監督署の労災を認めなかった判断を取り消しました。

(3) ESGリスクマネジメントの実践

●日本企業における人権デューデリジェンスの現状

　ここからは、企業が実施すべき「人権・労働問題に関するESGリスクマネジメント」について解説します。まずは日本企業における人権デューデリジェンス（以下、人権DD）の現状を見ていきましょう。

　ジェトロの2022年度の調査結果によると、人権DDを実施している企業は、全体の28.7%。現在は「実施していない」企業のうち、「今後、実施する予定がある」(12.4%)企業を合わせると、日系企業全体の約4割となり、まだまだ浸透していないことがうかがえます（**図表2-3-6**）。

●内部統制の観点からの人権DDの取り組み

　人権問題へのリスク対策として、リスク管理プロセスの中で、人権DDを取り入れることが挙げられます。具体的には、「責任あるサ

図表2-3-6：人権DDを実施しているか

28.7%

12.4%

71.3%

- ■ 実施している
- ■ ※今後、実施する予定がある
- ■ 実施していない

※①「今後、実施する予定がある」(12.4%)は、
「今後、人権DDを実施する予定がある」と回答した
企業数（647社）を全体の母数（n=5,226）で割って算出。
②調査対象は、ロシア、中国、香港、マカオ、台湾を除く
全地域。

出所：ジェトロ「2022年度 海外進出日系企業実態調査｜全世界編」

プライチェーン等における人権尊重のためのガイドライン」[3-27]を基に自社の方針を策定することが有効です。以下、本ガイドラインの中から重要となるポイントを抜粋して紹介しましょう。

・人権方針

　人権方針は、以下①〜⑤の要素を満たすよう、企業が、その人権尊重責任を果たすという企業によるコミットメント（約束）を企業内外のステークホルダーに向けて明確に示します。

①企業のトップを含む経営陣で承認されていること
②企業内外の専門的な情報・知見を参照したうえで作成されていること
③従業員、取引先、および企業に直接関わる他の関係者に対する人権尊重への企業の期待が明記されていること
④一般に公開されており、すべての従業員、取引先および他の関係者にむけて社内外にわたり周知されていること
⑤企業全体に人権方針を定着させるために必要な事業方針および手続きに、人権方針が反映されていること

・人権DD

　人権DDは、企業が、自社・グループ会社およびサプライヤー等における人権への負の影響を特定し、防止・軽減し、取り組みの実効性を評価し、どのように対処したかについて説明・情報開示していくために実施する一連の行為を指します。

①負の影響の特定は、セクターや製品・サービス特有、あるいは地域特有のリスクを把握するとともに、従業員アンケートやヒアリングなどを通じて特定化する。特に外国人技能実習生を受け入れている場合は一般的にリスクが高い

②防止・軽減は、労働安全や内部監査での指摘・改善プロセスで対応する。サプライヤーについては、サプライヤーと協議を行い、改善指導を行う

・救済

　救済とは、人権への負の影響を軽減・回復すること、およびそのためのプロセスを指します。以下の要件を満たした国内外の従業員やサプライヤーの従業員も利用できるホットラインを構築します。

①正当性
苦情処理メカニズムが公正に運営され、そのメカニズムを利用することが見込まれるステークホルダーから信頼を得ていること
②利用可能性
苦情処理メカニズムの利用が見込まれるすべてのステークホルダーに周知され、たとえば使用言語や識字能力、報復への恐れ等の視点からその利用に支障がある者には適切な支援が提供されていること
③予測可能性
苦情処理の段階に応じて目安となる所要時間が明示された、明確で周知された手続きが提供され、手続きの種類や結果、履行の監視方法が明確であること

④公平性

苦情申立人が、公正に、十分な情報を提供された状態で、敬意を払われながら苦情処理メカニズムに参加するために必要な情報源、助言や専門知識に、合理的なアクセスが確保されるよう努めていること

⑤透明性

苦情申立人に手続の経過について十分な説明をし、かつ、手続きの実効性について信頼を得て、問題となっている公共の関心に応えるために十分な情報を提供すること

⑥権利適合性

苦情処理メカニズムの結果と救済の双方が、国際的に認められた人権の考え方と適合していることを確保すること

⑦持続的な学習源

苦情処理メカニズムを改善し、将来の苦情や人権侵害を予防するための教訓を得るために関連措置を活用すること

⑧対話に基づくこと

苦情処理メカニズムの制度設計や成果について、そのメカニズムを利用することが見込まれるステークホルダーと協議し、苦情に対処して解決するための手段としての対話に焦点を当てること

　なお、「救済」におけるホットライン構築に関しては、現在すでに設けている内部通報制度に①〜⑧要件を満たすように整備することが考えられます。また、従業員向けのみでサプライヤー向けの内部通報制度がない場合は、サプライヤー専門の通報窓口を設ける、

コーポレートの問合せ窓口にサプライヤーも対象であることを明記するなどの対応方法が考えられます。

● **人権対応体制を整備するうえでのポイント**

それでは、前述のガイドラインも踏まえつつ、企業が人権保護対応体制を構築するにあたって重要となるポイントを解説します。

【人権方針】

まず大切なのが「人権方針」を作成し、定期的に見直すことです。具体的に書く内容については、日本弁護士連合会の「人権デュー・デリジェンスのためのガイダンス」の「3.3.2.1 外形上の要件」が参照になります[3-28]。特に実務上論点となる箇所を以下で紹介します。

・自社にとっての人権課題を具体的に記載する

人権課題を具体的に記載するとは、差別・ハラスメント、児童労働、強制労働、職場環境など、人権課題の"中身"に言及することを指します。自社の事業環境を踏まえ、企業が重要と認識している具体的な内容をステークホルダーに説明できるため、方針内に記載するのがよいと思います。ちなみに、方針の本文ではなく方針の別紙として開示している会社、「人権課題への取り組み」などの方針以外の箇所で言及している会社もあります。

・自社グループ以外に求めること

社外のビジネスパートナーやサプライヤーにはどこまで対応してもらうのか実務上は悩ましい問題です。「適切な対応をとるよう促します[3-29]」「本方針に従うよう期待します[3-30]」「人権を尊重し、侵

害しないよう求めていきます[3-31]」など対応の強弱が企業によって見られます。社外との関係性はコーポレート部門だけではわからない場合もあるので、事業部門とも相談のうえ決定する必要があるといえるでしょう。

・国際規範と各国法令とが異なる場合の対応

　国際規範と各国法令との差異をすでに把握しているのであれば、記載することが望ましいといえます。記載内容としては、以下の例が挙げられますが、国際規範と各国法令との差異がある場合にどこまで国際規範にコミットするかは、企業ごとに若干異なることがわかります。

記載例

・万が一、当該国の法規制と国際的な人権規範が異なる場合は、国際的な人権規範を尊重する手段を模索します[3-32]。

・国際的に認められた人権と各国の法令に矛盾がある場合には、国際的な人権の原則を最大限に尊重するための方法を追求していきます[3-33]。

・当該国の法規制と国際的な人権規範が相反する場合には、当該国の法規制を遵守しつつ、国際的に認められた人権の尊重に向けて最大限努めていきます[3-34]。

【人権リスクの洗い出し・評価】

　「人権方針」に続き、「人権リスクの洗い出し・評価」も重要です。「国連指導原則報告フレームワーク附属書A[3-35]」に、人権の具体例が網羅的に示されているため参考になります。特に実務上論点とな

る箇所を以下では紹介しましょう。

・人権リスク洗い出しの方法

　人権リスクの洗い出しには、外部専門家を活用する、社内にアンケート調査を行うなどさまざまな方法があります。また、人権リスクアセスメントやインパクトアセスメントを支援する経済人コー円卓会議主催の「ステークホルダー・エンゲージメント・プログラム」、関連省庁職員やNGO/NPOとのステークホルダーダイアログの開催などの工夫もあります[3-36、3-37]。

・人権リスク評価を行うにあたり、直接的に参考になる情報

　会社によっては、「人権リスクマップ」を開示している会社もあります。絶対的な答えがないなか、とりあえず出来上がりの具体的なものを見てみたい、という方には参考になります。深刻度や発生可能性は企業によって異なることはご認識いただいていることを前提に、具体的な進め方や作成物を決めるうえで、参考になる情報のひとつとなるかもしれません[3-38、3-39]。

COLUMN さまざまな場面で使われるデューデリジェンス

　昨今、「デューデリジェンス」という言葉はさまざまな場面で使われるようになっていますが、「結局、どういう意味なのか？」という疑問を抱きながらこの言葉を使っている人も多いのではないでしょうか。

　デューデリジェンスがどのような文脈で使われているのかを整理すると、**図表2-3-7**のように示せます。

　もともと、M&Aなど特定の行為や意思決定を行う前の、相当

な注意をもって行う履行手続き、という静的なプロセスを指している言葉でした。その後、概念が拡大し、プロセスの継続的な改善を目指す動的なプロセスも含むようになりました[3-39]。場面によって意味合いは異なりますので、まずは代表的なものだけでも違いを整理してみるのはいかがでしょうか。

図表2-3-7：デューデリジェンスの意味

カテゴリ		概要	出所
動的プロセス	企業行動全般	自らの事業、サプライチェーンおよびその他のビジネス上の関係における、コーポレートガバナンス、労働者、人権、環境、贈賄および消費者に関して実際のおよび潜在的な負の影響を企業が特定し、防止し軽減するとともに、これら負の影響へどのように対処するかについて説明責任を果たすために企業が実施すべきプロセス	責任ある企業行動のためのOECDデューデリジェンス・ガイダンス[3-40]
	人権	企業が、人権を尊重する責任を果たすため、その規模と状況に応じて、人権への影響を特定し、予防し、軽減し、対処方法を説明するための手続き（ビジネスと人権に関する指導原則15）	ビジネスと人権に関する指導原則[3-41]
	環境	土壌劣化、水源枯渇、生物多様性の破壊などの事業活動に関連する負の影響・リスクの発生を回避するために実施される日常的・継続的な活動	バリューチェーンにおける 環境デューデリジェンス入門[3-42]
静的プロセス	M&A等	主に買い手が、売り手の財務・法務・事業・税務などの実態について、士業等専門家などを活用して調査する工程	中小M&Aハンドブック[3-43]
	腐敗	契約前の確認手続の全般や、エージェントを起用する場合に実施する事前調査を指す。事前調査には、取引が行われる国、取引における外国公務員等との接点や関係性、エージェント等の贈賄防止に係る社内規定の整備および遵守状況、過去および現在の贈賄リスク有無等を指す	外国公務員贈賄防止指針[3-44]
その他（開示）	GRI	マテリアリティを選定する際の、潜在的なインパクトの特定のため行う手続きの一部。責任ある企業行動のためのOECDデューデリジェンス・ガイダンスと同義	-
	SASB	一部セクターで開示項目としての記載がある。たとえば、医薬品および医療機器・医療器具のサプライヤーの認定のためのデューデリジェンスプロセスの説明、人権、先住民の権利、および地域社会に関するデューデリジェンスの実践、など	-

出所：著者作成

2/4 品質・マーケティング

　品質は、製品やサービスが持続可能で社会に対して責任ある形で生産・提供されることを保証することであり、ESG目標の達成に直結します。一方、マーケティングは、商品・サービスの安心安全を顧客やステークホルダーに伝え、評価や信頼を勝ち取るための不可欠な手段となります。

　では具体的に、品質・マーケティングにおいて企業に何が求められるのでしょうか。企業に求めることを理解するためには、何を学ぶ必要があるのでしょうか。まずは、品質・マーケティングの現状・問題点と国際的な取り組みを解説します。次に、どの業種・セクターが一般的にマテリアリティがあるのか、それはなぜなのかを解説します。最後に、内部統制の観点から押さえておきたいガイドラインの概要を説明します。

(1) リスクの概要と社会に与えた影響

● OECD による製品安全に係る現状認識と課題

　1976年にOECDが策定した「OECD多国籍企業行動指針」では、情報開示、人権、雇用および労使関係、環境、贈賄・贈賄要求・金品の強要の防止、消費者利益など、幅広い分野における責任ある企業行動に関する原則と基準を定めています。本パートではこの中でも「消費者の安全」に焦点を当てて解説を進めます。

　最初に、品質・マーケティングにおける現状・問題点と、国際的

な取り組みについて見ていきましょう。OECDの調査によると、消費者の安全に関する現状について以下の結果が示されています[4-1]（**図表2-4-1**）。

消費に関するOECDの切り口によるデータで興味深いですが、特にネットショッピング（EC）が普及し消費者のエシカル志向が高まる一方、安全性の低い商品が世界中に多く出回っていることがわかるデータかと思います。

●**オンライン上で流通している商品の安全性**

インターネット上で購入できる商品の安全性に課題があることを裏付けるデータは他にもあります。

OECDが2021年に実施した調査によると、海外では、オンライン上で流通している製品のうち、玩具・ゲーム、育児用品などでは販売禁止品やリコール品が販売されている事例が確認されています。

また同調査によると、販売サイトから得られる情報では、製品表示や安全に関する警告が十分かどうか、自主的または義務的な安全基準を満たしているかどうかわからない製品も約3割あったと報告されています[4-2]。

図表2-4-1：消費者の安全に関する現状

インターネットデバイスを持つ国民の割合	69%
環境への影響を軽減したいと思う消費者	73%
ユーザーに不利な誘導をするWebサイトやアプリ	24%
2012年以降、47の国・地域で発生した製品回収の実績	3万件
消費者が電子商取引の問題を解決することで失われた平均時間	6時間
国際執行協定を結んでいる国	29/31カ国

出所：OECD,CONSUMER POLICY ATOECD

以下は、各国で調査した結果の一部です。特に、子ども向け製品において安全性の問題があることがわかります。

・EU

2017年1月から2018年9月まで、非食品危険製品に関するEUの警告の12％は、オンラインで販売される製品に関するものでした。

・オーストラリア

2017年には、チャイルドシートやおもちゃなどの子ども向け製品が、オンライン販売に関連してACCC（オーストラリア競争・消費者委員会）に報告されたすべての製品安全性報告のほぼ40％を占めました。

・カナダ

ベビージャンパーやチャイルドシートなどの子ども用製品は、オンライン販売製品に関連する127件の事件報告の中で最も多く報告されたカテゴリでした。

・フランス

2018年の監視キャンペーンでは、オンラインで販売された宝飾品の74％が違反品または危険であることが判明し、テストされた化粧品の32％が違反であることが判明しました。

・日本

2013年から2017年の間に、オンライン購入に関する約8,000件の苦情が「有害」または「危険」に分類されました。

・韓国

2017年には、オンラインで購入した有害または危険な製品に関する苦情が4,128件。韓国消費者院は海外でリコールされ

た106製品のオンライン販売を阻止しました。

● OECDによる国際的な連携・取り組み

　消費生活における国際化の進展に伴い、消費者の安全と安心の確保、消費者と事業者との間の適正な取引の確保、苦情処理や紛争解決の促進などさまざまな消費者政策を進めるうえで、国際的な連携を確保していくことが一層重要となっています。

　前パートで解説した「人権」の場合、全業種で利用できるガイドライン等があるのですが、「品質」の場合は業法（リコール制度／詳しくは後述）で定められていることが基本です。ただし、一般消費者向けのものについては国際的な取り組みがあります。ここではOECDによる国際的な連携・取り組みについて見ていきましょう。

　1969年11月、消費者政策に関する加盟国間の情報および経験の交換、討議ならびに協力の推進を目的として、OECDに「消費者政策委員会」（CCP)が設置されました。

　日本はCCPの副議長国の一国を務め、また、CCPの下部作業部会である製品安全作業部会では議長国を務めており、通常年2回開催される本会合に継続的に出席するとともに、各種プロジェクトに積極的に参加しています。

　CCPでは、これまで、国際的な消費者取引に関する諸問題などについて幅広く検討されていますが、最近では特にデジタル経済化に伴う消費者問題や製品安全分野に重点的に取り組んでいます[4-3]。

　また、製品サプライチェーンのグローバル化などにより、国内外での製品安全に関する消費者被害が発生する状況を背景に、2007

年、製品に関する消費者問題についての国際連携・情報共有に焦点を当てたOECD製品安全プロジェクトが開始しました。2010年には「消費者製品安全に関する情報共有の強化に関する報告書」が取りまとめられ、その提言を実施するため、OECD消費者政策委員会(CCP)の下に製品安全作業部会が設置されました[4-4]。

OECD消費者政策委員会製品安全作業部会では、製品がグローバルに取引される現状に対応し、国際的な製品安全の情報共有のために「OECDグローバル・リコール・ポータル・サイト」を構築し、2012年10月から、アメリカ、オーストラリア、カナダ、EU（28カ国）の参加を得て、英語とフランス語で運用を開始しています[4-5]。

OECDでは、OECD加盟国および非加盟国が協力して国際的な製品安全に係る懸念について協調して普及啓発を行う「国際共同啓発キャンペーン」を開催。OECDは2022年のキャンペーンのテーマを「オンライン上の製品安全」とし、消費者、インターネットモール運営事業者およびオンライン上で製品を販売する事業者に向けて、安全確保に関して期待される取り組みのメッセージを発出しました[4-6]。

●海外リコール情報を公表している主な規制当局の例
続いて、リコール制度に目を向けてみましょう。
まずは海外における製品安全分野のリコール情報を公表している規制当局としては、以下が挙げられます。

・欧州委員会（EC）
・オーストラリア競争・消費者委員会（ACCC）

・カナダ保健省（Health Canada）
・米国消費者製品安全委員会（CPSC）

　国際消費者製品健康・安全機構（International Consumer Product Health and Safety Organization：ICPHSO)は、世界で流通する消費者製品に関する健康や安全性向上のため、1993年から開始された国際会合で、製品の安全性向上に関する取り組みの発表、情報・意見交換などを行っています。

● 日本のリコール制度の全体像
　日本における主なリコール関連法令は以下の通りです。消費生活用品、自動車、医薬品・医療機器はよく聞きますが、他にもさまざまな対象があることがわかります（**図表2-4-2**）。

図表2-4-2：リコール関連法令

法令名	対象物	命令等の内容
消費生活用製品安全法	特定製品	回収 一般消費者の生命又は身体への危害拡大防止に必要な措置
化審法	第1種特定化学物質が使用されている製品	回収 環境汚染防止に必要な措置
家庭用品規制法	家庭用品	回収 被害発生防止に必要な措置
飼料安全法	飼料又は飼料添加物	廃棄又は回収、その他必要な措置
薬機法	医薬品、医薬部外品、化粧品、医療用具	①販売・賃貸の一時停止 保健衛生上の危害発生又は拡大防止に必要な措置 ②廃棄・回収 その他公衆衛生上の危険発生防止に必要な措置
食品衛生法	食品、添加物、容器包装	食品衛生上の危害の除去に必要な措置
電気用品安全法	電気用品	回収 危険・障害の拡大防止に必要な措置
自動車、後付装置、特定後付装置	自動車、後付装置、特定後付装置	不適合車・不適合装置を保安基準に適合させるために必要な措置

出所：著者作成

●日本の消費生活用品と食品リコールの現状

　続いて、消費者庁の資料から、身近な領域でのリコールの現状を解説します。

　2008年から2018年までの10年間で、リコール開始件数は合計1,212件あり、減少傾向にあるものの、毎年100件前後は発生しています（**図表2-4-2**）。特に、リコールの対象となっていた暖房器具やパソコンなどから出火する火災が、多く発生しているとのことです（**図表2-4-3**）。また、消費者庁が行ったアンケート調査においては、約3割の消費者がリコールを知っていても事業者に連絡をしないことが判明しています。

　次に、食品を含む消費者庁に通知された消費者事故の推移を見る

図表2-4-3：リコール状況

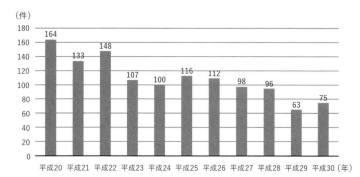

出所：消費者庁「自宅にある製品、リコールされていませんか？」

図表2-4-4：消費者安全法の規定に基づき消費者庁に通知された消費者事故等の件数の推移

・2021年度に消費者庁に通知された消費者事故は14,941件。
・内訳は「生命身体事故等」が3,992件、うち重大事故等が1,500件。「財産事案」が10,949件。

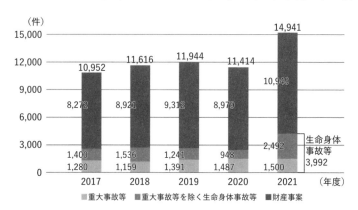

（備考）
1.消費者安全法の規定に基づき、行政機関の長、都道府県知事、市町村長及び国民安全センターの長から消費者庁へ通知された消費者事故等の件数。
2.2021年6月から、食品衛星及び食品表示法の改正により、通知対象となる食品リコールの届出が義務化。

出所：消費者庁「令和4年版消費者白書」

と、2021年からの食品衛生法等の改正で食品リコール届出が義務化されたこともあり、件数は増加しています。また、2021年にはネオジム磁石製のマグネットセットを子どもが誤飲し、磁石同士が胃や腸を挟み込んだ状態で動かなくなり、胃や腸に穴が開く痛ましい事故も発生しました。

● 日本における自動車のリコール状況

令和3年度における自動車のリコール届出は、国産車と輸入車を合わせて、総届出件数369件、総対象台数が約425万台でした。2015（平成27）年と2016（平成28）年はタカタのリコールがあったため突出して多く、タカタ関連だけで2015（平成27）年は届出件数および対象台数が49件、約955万台、2016（平成28）年は届出件数および対象台数が44件、約621万台でした[4-7]（**図表2-4-5**）。

図表2-4-5：自動車リコール届出件数および対象台数（総合）

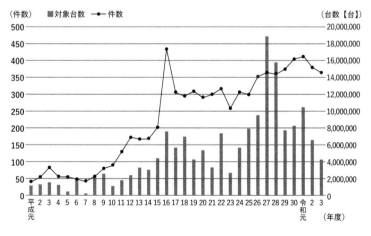

出所：国土交通省「各年度のリコール届出件数及び対象台数」

●日本における医薬品・医療機器のリコール状況

　医薬品、医薬部外品、化粧品、医療機器若しくは再生医療等製品（以下、「医薬品・医療機器等」という）の製造販売・製造業者等は、許認可を受けた医薬品・医療機器等を回収するときは、回収に着手した旨および回収の状況を厚生労働大臣に報告しなければなりません（医薬品医療機器等法第68条の11）。2020（令和2）年以降において医薬品の自主回収が増加していますが、これは2021（令和3）年2月の小林化工における製造工程で不正が発生したことに端を発して、数十社の製薬メーカーが相次いで自主回収を行ったことが原因です。

図表2-4-6：過去13年間の医薬品の副作用等報告数の推移

	平成21年度	平成22年度	平成23年度	平成24年度	平成25年度	平成26年度	平成27年度	平成28年度	平成29年度	平成30年度	令和元年度	令和2年度	令和3年度
医薬品	183	146	166	129	150	103	122	126	129	150	160	341	496
医薬部外品	19	11	19	8	21	17	9	14	17	13	17	14	18
化粧品	83	91	75	74	75	81	74	87	80	86	73	66	77
医療機器	373	396	408	386	405	365	452	406	398	411	451	367	351
再生医療等製品(※)	-	-	-	-	-	0	1	0	0	0	0	1	0
計	658	644	668	597	651	566	658	633	624	660	701	789	942

（※）平成26年11月25日の医薬品医療機器法施行後の回収件数
出所：厚生労働省「医薬品・医療機器等の回収報告の状況について」

(2) ESGの観点で企業に求められること

●ESG開示基準による要請

　ここまで品質・マーケティングにおける国際的および日本国内の課題や取り組みを見てきましたが、続いてESG観点で企業に求め

られることを解説します。

　企業には、顧客やエンドユーザーのために、顧客の安全衛生や、十分な情報提供に基づくマーケティングコミュニケーションに関する取り組みの開示が求められています。具体的には、以下の通りです。

・顧客の安全衛生

　顧客は、無害な製品を手にする権利を、また安全衛生に影響が生じた場合には救済を求める権利を有しているため、企業には製品やサービスが意図した機能を満たし、安全衛生リスクが生じないことが求められます。

・マーケティングとラベリング

　顧客やエンドユーザーは、製品・サービスが与えるプラス、マイナスの環境的・社会的インパクトに関する十分な情報を必要としています。そのため、企業には、製品・サービスの安全な利用、製品の廃棄、構成要素の調達などに関する情報を、顧客に提供することが求められます。こうした情報へのアクセスが得られることにより、顧客は、適切な情報を得たうえで購入の選択をすることができるようになります。

●業種ごとに求められる取り組み

　品質の問題は、セクター／業種ごとに、インパクトの影響度・発生可能性が異なるため、マテリアリティは企業自身が評価し、重要性の判断を行うことが原則です。ただし、SASBスタンダードでは、セクター／業種ごとに、「どのインパクトがマテリアリティとして

一般的に高いのか」が示されているため、参考となります。次ページ以降では、SASBスタンダードに基づくマテリアリティを見ていきますが、SASBスタンダードの和訳だけでは少しわかりづらいため、解説と参考事例も併せて付記します。参照ください。

製品・サービスの品質問題

> **セクター：消費財**
> **業種　　：家電製品の製造**

　家電製品の場合、顧客自身による保守・点検が難しい状況下において、経年変化により火災や死亡事故など重大事故が発生する恐れのある製品を安全かつ長期間使用できるように、製品開発やアフターサービスを行うことが企業には求められています。

　SASBでは、品質管理に関する業務プロセスとして、プロダクトデザイン、製品安全試験、リスクの特徴付け、製品リスクの優先順位、製品表示、製品リスクに関する情報の共有、製品リスクに関する新たな情報の管理について整備することを求めています。社会・顧客に与えるインパクトとして、法規制および自主規制を対象に、発令されたリコールの件数、製品リコールの台数だけでなく、リコール関連情報として、リコール問題と原因の説明、総リコール数、問題を是正するための費用、リコールが自発的か非自発的かの区分、是正措置、法的手続きや顧客死亡などの結果の開示も求めています。

業界の特色　SASB
- 製品の安全性は家電製品の製造業者にとって最も重要である

企業にもたらす負の影響　SASB
- 製品故障は、企業に訴訟および負の消費者心理をもたらし、ブランド価値、収益成長率または市場シェアに悪影響をもたらす

事例*：ノートパソコン約25万台に発火の恐れ[4-9]

　ある総合電機メーカーは2011年6月～2015年3月に製造されたノートパソコンのバッテリーパックで、全世界で25万5,806台を対象にリコールを行いました。うち日本国内では150機種に搭載された、9万5,811個が対象とされています。

　原因はいずれも、バッテリーパックの中にあるバッテリーセルへ異物が混入し、異常過熱し発火・発煙に至ったとしています。

---

*ここでは、業界のリスクをわかりやすく説明することを目的として、報道やHPサイト等を参照元とし、公表時点における掲載内容を記載しています（以降同様）。

> **セクター：食品・飲料**
> **業種　　：食品小売・流通業者**

　食品・飲料の場合、顧客が口にするものを扱う商品であるからこそ、品質保証や適切な情報開示は重要な課題です。開発、原料調達、生産、物流、販売、顧客からのフィードバックのすべての過程において、食品・飲料企業は、安全性の検証と安全に関する情報提供を行います。一方で、残留農薬、GMO（遺伝子組換え作物）、トレーサビリティなど、食の安全・安心に関する社会の要請に応え続けることが求められています。特に、近年、家畜の飼養においてアニマルウェルフェアへの注目が高まっており、アニマルウェルフェアの基本原則に配慮した家畜の飼養管理について積極的な情報開示が求められています。

　SASBでは、企業に対して高リスク食品安全違反率の開示を求めています。高リスク違反とは、是正せずに放置した場合、食品媒介性疾患の伝染、食品の偽装または食品接触面の汚染のうちいずれかひとつに直接関係する違反を指し、規制当局によって実施される食品安全性検査により通知を受けた案件です。違反率の計算は、当年度期間中に高リスク違反を受けた検査場所で行われた食品安全検査の総数を、事業体の小売場所や流通センターで行われた食品安全検査の総数で割った割合として計算されます。

業界の特色

- 病原菌、有害物質、または腐敗による汚染は人間の健康を害する可能性があるため、製品の品質と安全性を維持することは、食品小売・流通業者とって重要
- 汚染は、食品の生産、加工、輸送、流通、小売など、食品のバリューチェーンのどの段階でも発生する可能性がある

企業にもたらす負の影響

- 食品小売企業はすべての食品安全およびリコールに直接の責任が必ずしもあるわけではないものの、食品の生産、加工、輸送、流通等のプロセスに関与しており、財務上の影響、ブランド価値への損害、収益の低下、リコール、在庫の喪失、または訴訟に関連するコストが増加する可能性がある

事例：化繊混入の恐れで、レトルト食品80万個を自主回収[4-10]

　大手食品メーカーは2022年8月、レトルト食品11品目を自主回収すると発表。合計で約80万個が対象となります。中国原産の材料に化学繊維が混入していた恐れがあるため、同じ拠点で生産する材料を使った商品をすべて回収。自主回収の対象となった商品を購入した顧客には、回収後に商品代金相当の商品券を送付するとのことです。

> **セクター：ヘルスケア**
> **業種　　：医療機器・医療用品**

　医療機器・医薬用品の企業は、新しい医療価値を創出し続けるため、AIによる画像分析、予測分析、遠隔モニタリング、ヘルステック、ロボティクス、モビリティなど新規性の高い製品・サービスの提供に挑戦しています。

　一方で、各国の医療費抑制の動きと価格下落圧力の増大、各国の医療機器・医薬品関連規制や品質基準の強化など、同業種を取り巻く事業環境は厳しくなっています。さらに、医療分野においてもデバイスからデジタルサービスへのシフトが進むなか、デジタル技術に強みを持つ異業種参入や新興企業参入による競争激化の懸念もあります。高度化する医療への対応と経済性との両立が求められるなか、安全かつ高品質な製品・サービスを提供しつづけることが求められています。

　SASBでは、法規制および自主規制を対象に、リコール件数、器具の台数、自主回収と規制当局からの要求と開示の割合、重要なリコールの影響と、規制当局の安全性アラートデータベースに掲載されている製品のリスト、医療機器不具合データベースに掲載されている製品に関連する死亡者数を開示することが求められています。

業界の特色

- 製品の安全性や副作用に関する情報は、臨床試験後や上市後に表面化することがある
- リコール、安全性に関する懸念、および製造上の懸念に対する是正措置の発生を抑えることが企業には求められる

企業にもたらす負の影響

- 機器の故障、設計・製造上の欠陥または製品関連リスクの不適切な開示など、製品の安全性に関連する問題は、重大な製造物責任賠償請求につながる可能性がある

事例：大手ヘルスケアメーカーでの医療機器リコール問題[4-11]

　電気機器関連メーカー製のCPAP（シーパップ）装置、人工呼吸器において、微細粒子が確認されたという報告が2020年度において全世界で0.03%の割合で海外製造元に報告されました。なお、日本国内においては、発表時点で、これまでに同事象と同定された報告は確認されていません。

　同社が、海外製造元において調査したところ、装置内部に使用されている防音用部品から「微細粒子」や「化学物質」が発生、患者が吸い込んだりすることにより、健康被害を生じる恐れがあることが判明しました。

セクター：インフラストラクチャー
業種　　：エンジニアリング・建設サービス

　エンジニアリング・建設サービスの企業は、建設現場におけるデジタルとリアルのベストミックスの追究、建設技能労働者の評価や処遇改善などを通じて、高品質な製品・サービスを安定的に供給する取り組みを行っています。建設サービスは、多様な工種があり、自然の中での工事や都市部での作業など施工条件も千差万別です。各工種に精通した経験豊富な技術者が、計画段階から参画し、施工上のリスクを抽出・排除することで、施工の品質担保を行っています。

　SASBでは、品質問題に伴う経済価値インパクトとして、注文変更、範囲修正や設計修正、欠陥に伴う手直し費用額を開示することを求めています。手直し費用の範囲には、人件費、原材料費、設計費、設備費および下請業者に関連する費用等が該当します。また、欠陥および安全関連災害に伴う法的手続きに起因する金銭的損失の総額を開示することが求められます。

業界の特色　　　　　　　　　　　　　　　　　　**SASB**

・エンジニアリング、設計、建築、コンサルティング、検査、保守サービスのいずれを提供しているかにかかわらず、当該業界の企業は、業務の安全性と完全性を確保する責任を負っている

企業にもたらす負の影響

- プロジェクトにおける設計段階や、建物やインフラストラクチャーの建設段階における品質の不備は、重大な人身傷害や財産価値の喪失および経済的な損害を引き起こす可能性がある
- 構造上の完全性や安全性が十分に達成できない企業は、再設計や補修工事、法的責任、さらには成長の見通しを損なうレピュテーションの低下により、高額なコストに直面する可能性がある

事例：大手建設会社、マンション強度不足で賠償命令 [4-12]

　仙台市の8階建てマンションのコンクリート強度が不足し、補修では済まないほど耐震性を欠いているとして、所有者が建て替え費用など約5億4,000万円の損害賠償を求めた訴訟の判決で、仙台地裁は2015年3月に、元請け会社など3社に約5億1,900万円の支払いを命じました。

セクター：資源の変換
業種　　：電気電子機器

　電気電子機器の企業は、成長業界を的確に捉え、安定的に供給できる強靭なサプライチェーンを構築することが求められています。特にエレクトロニクス市場では、今後も技術革新が続き、市場自体が拡大し続けることが予想されます。このような事業環境下において、社会ニーズに的確に応えるイノベーションをスピーディに生み出すためには、従来の保有技術の編集だけでなく、産学連携やオープンイノベーションに軸足を置くとともに、他社とのアライアンスやM&Aなどの取り入れも重要となります。

　SASBでは、法規制および自主規制を対象に、リコールの数とリコールされた製品数量を開示することを求めています。特に、重症や致死に関する重要リコールについては、リコール問題の説明と原因、リコールされたユニットの総数、問題を解決するための費用、自主回収か強制回収かの区分、是正措置、法的手続き、死亡などの重大な結果の詳細の開示を求めています。

業界の特色　　　　　　　　　　　　　　　　SASB

- ・電気火災を含む顧客への潜在的なリスクのため、電気電子機器の適切かつ安全な機能は重要な問題
- ・製品の適切な安全手順、テスト、プロトコルは、悪影響のリスクを軽減し、企業のブランドを強化するのに役立つ

企業にもたらす負の影響　　　　　　　　　　　SASB

・製品の安全上の問題が発生した場合、企業は製造物責任、
　レピュテーションの低下、再設計コスト、リコール、訴訟、
　または罰金による収益低下に晒される可能性がある

事例：バッテリー過熱危険で携帯電話がアメリカでリコール[4-13]

　アメリカの消費者製品安全委員会は2004年1月、初めて携帯電話のバッテリーのリコールを発表。消費者製品安全委員会によると、大手電子部品・電気機器メーカーの携帯電話がショートして過熱し、熱を放出して爆発を防ぐ内蔵安全装置が作動したケースが4件報告されました。

　ある男性は、ポケットに入れていた携帯電話の予備のバッテリーが熱を放出し、この男性は足に第2級のやけどを負ったと報道されました。

> **セクター：運輸**
> **業種　　：自動車部品**

　自動車部品の企業は、自動車が電動化、自動運転化するなかで、製品の高性能化と小型化・省燃費化の両立、センシングや制御技術のさらなる活用など、高効率かつ安全で快適な移動の実現に挑戦しています。特に、CASE*の進展により、ソフトウェア開発の重要性・複雑性が増すなか、ハードウェアとソフトウェアの連携によるモノづくりを通じた製品付加価値の向上や開発期間の大幅な短縮が求められています。事業環境変化が激しい状況下においても、信頼の基盤である品質については、最重要課題のひとつとして捉え、社会課題の解決と持続可能なビジネスの両立を実現することが期待されています。

　SASBでは、当局から義務付けられている強制回収および自主規制を対象に、リコール件数とリコールされた製品数量を開示することが求められています。併せて、是正措置、リコールの概要および原因、リコールされた車両の総数、問題解決の費用、自主回収か強制回収かの区分、法的手続き、乗客の死亡等の重大な結果の詳細開示も規定されています。

＊CASEとは、「Connected（コネクテッド）」「Automated/Autonomous（自動運転）」「Shared & Service（シェアリング）」「Electrification（電動化）」というモビリティの変革を表す4つの領域の頭文字をつなげた造語。

業界の特色 SASB

- 運転は、ドライバー、乗客等が怪我や死亡事故にさらされる可能性があるため、危険な活動である
- 自動車事故は、欠陥のある自動車部品によって引き起こされる可能性があり、車両が販売される前に欠陥を検出できないと、自動車および部品メーカーの両方に経済的ダメージを与える可能性がある
- 自動車には高度な電子機器や技術が組み込まれているため、リコールに関連するリスクが高まる場合がある
- 製品の安全性を効果的に管理することで、自動車部品メーカーはレピュテーションを高め、長期的に売上を伸ばすことができる

企業にもたらす負の影響 SASB

- 車両の安全性の欠陥が特定されたときにタイムリーに対応できなかった場合、多額の費用を生じさせる規制措置や訴訟が発生、自動車メーカーとの関係に悪影響をもたらす

事例：欠陥エアバッグ問題で、民事再生法適用を申請[4-14]

　欠陥エアバッグの問題で経営が悪化した部品メーカーは2017年6月、東京地裁に民事再生法の適用が受理されました。国内外のグループ会社も法的整理を届け出ました。3月末のグループの負債総額は約3,800億円。自動車メーカーが肩代わりしていたリコール費用を加えると最終的に1兆円超となる見込みで、当時は製造業で戦後最大の倒産となりました。

不適切なマーケティング

> **セクター：食品・飲料**
> **業種　　：食品小売・流通業者**

　食品・飲料の企業は、健康・栄養関連の法制化が進むなか、表示品目を精度高く検査できる新規検査法の開発、責任あるマーケティング活動のための広告販促活動原則の充実などが求められています。

　たとえば、日本の食品表示法では、消費者利益の増進を図り、国民の健康保護・増進等に資する食品の生産振興への寄与を目的に、アレルゲンや賞味期限、原材料、原産地など販売用に供する食品表示基準が定められ、食品関連事業者はこの基準に従った表示をしなければなりません。関連法令の遵守・徹底と安全で品質の高い商品の提供がますます求められています。

　SASBでは、品質問題に起因するインパクトとして、自社ブランド製品を対象に、業界または規制の表示もしくはマーケティングコード、またはその両方の不適合の件数を開示することが規定されています。また、収益の内訳として、遺伝子組換え作物（GMO）表示製品と非GMOの表示製品の開示も必要です。

業界の特色　　　　　　　　　　　　SASB

・製品表示とマーケティングによる消費者との対話は、食品小売業の重要な側面である

・消費者は、購入の意思決定を行うために、遺伝子組換え作物（GMO）の含有量やその他の健康や栄養への影響など、

製品成分に関する追加情報を求めている

企業にもたらす負の影響　　　　　　　　　　　　　SASB

・企業は、誤解を招くような発言をしたり、ラベル表示の透明性を高めるといった消費者の要求に対応できなかった場合、ブランド価値と収益成長率に悪影響を与える可能性がある

・さらに、製品とその成分の正確なラベル表示に対処する規制は、食品小売企業に罰則または訴訟のリスクをもたらす

事例：食品メーカーによる国産牛偽装事件[4-15]

　食品メーカーの加工センターが国の牛肉のBSE対策を悪用していたことが発覚。国が検査を受けていない国内産の牛肉が市場に出回ることを防ぐため、食品メーカーから買い上げる制度を悪用し、輸入牛肉を国産と偽って買い取らせ、1億9,000万円の補助金を不正取得。同社の売上は激減し、2002年に廃業しました。

```
セクター：ヘルスケア
業種　　：医療機器・医療用品
```

　医療機器・医療用品の業種では、ネット広告を中心とした医薬品等に関する虚偽・誇大広告、未承認の医薬品等の広告・販売等の薬機法違反事例が散見され、違反事例数が減少していない状況にあることが指摘されています。そこで、2019（令和元）年12月に改正された薬機法が公布され、広告規制の実効性を確保するための措置を目的とした、課徴金制度が導入されました。医療機器・医療用品の企業は、安全性情報に関する資材の作成・提供に取り組み、患者を中心とした顧客情報へのアクセス向上、市販後における安全性・有効性に関する情報を収集・分析し、その結果を論文や学会等で公開する等各国の状況に適した活動が求められています。

　SASBでは、医療機器・医療用品の企業に対して、製品の適応外使用を防止するプロモーションを管理する倫理規定に関して、違反行為に対する懲戒処分、内部監査の状況、規制審査委員会の審査活動状況、従業員等に対するトレーニングなどの違反防止策について、開示することが求められています。

業界の特色　　　`SASB`

・医療機器の消費者向けの広告や医師への働きかけは、市場シェアを拡大する機会を提供する

・適正なプロモーションからの逸脱は、重大な罰金や損害賠償請求につながる可能性がある

事例：商品表示に過去最高額(2023年4月時点)**の課徴金6億円**[4-16、4-17]

　医薬品ではありませんが、空気中のウイルスや菌を除去できるとした表示や広告には根拠がなく景品表示法違反（優良誤認）に当たるとして、消費者庁は2023年4月、医薬品の製造・販売会社に約6億円の課徴金納付命令を出しました。同庁によると、発表時点において、同法に基づく課徴金命令額として過去最高額とのことです。

　理由のひとつとして、同社は、効果の実証試験を行っていたものの、当該試験はフィルターを使う空気清浄機の試験であり、二酸化塩素を放出する商品に当該試験を使うことは適切ではないことが挙げられます。つまり、同社側は、「試験は学術界・産業界で一般的に認められた方法」として、空気清浄機に関して、業界において統一の基準を定め、一定の試験条件下における空気清浄機のウイルス除去性能を測定し、空気清浄機相互間の性能を比較するために定めた自主基準であるJEM1467を根拠にしていたものの、二酸化塩素発生剤の評価試験方法として関連する学術界または産業界において一般的に認められた方法、または関連分野の専門家多数が認める方法に当たるものとまでは認められないと高裁によって判断されたといえます。この一件を受けて同社は、再発防止策としてさらなる広告審査体制の充実を行うと発表しました。

(3) リスクマネジメントの実践

それでは、品質・マーケティングにおける内部統制・リスクマネジメントを実践するうえで、まずは広告・製品表示対応の観点から押さえておきたいガイドラインをいくつか紹介しましょう。

●**事業者が講ずべき景品類の提供及び表示の管理上の措置についての指針**[4-18]

【目的】

事業者が景品表示法で規制される不当な景品類および表示による顧客の誘引を防止するために、企業が実施する措置に関する以下の事項を定めています。

> 1 景品表示法の考え方の周知・啓発
> 2 法令遵守の方針等の明確化
> 3 表示等に関する情報の確認
> 4 表示等に関する情報の共有
> 5 表示等を管理するための担当者等を定めること
> 6 表示等の根拠となる情報を事後的に確認するために必要な措置を採ること
> 7 不当な表示等が明らかになった場合における迅速かつ適切な対応

【内部統制構築のために実施すること】

1. 景品表示法の考え方の周知・啓発

不当表示等の防止のため、景品表示法の考え方について、表示等

に関係している自社の役員および従業員にその職務に応じた周知・啓発を行います。対象は、商品説明や広告内容を企画・検討する事業企画や商品企画、広報や渉外部門の他、現場で商品説明、セールストーク等を行う営業部員も含みます。

2．法令遵守の方針等の明確化

不当表示等の防止のため、自社の景品表示法を含む法令遵守の方針や法令遵守のためにとるべき手順等を、景表法ガイドライン等により明確化します。

外部委託する場合は、当該外部委託者に対しても、その業務に応じて法令遵守の方針や法令遵守のためにとるべき手順等を明確化するために、業務委託契約への景表法や関連ガイドラインの遵守義務条項について検討します。

3．表示等に関する情報の確認

景品類を提供しようとする場合、違法とならない景品類の価額の最高額・総額・種類・提供の方法等を、とりわけ、商品または役務の長所や要点を一般消費者に訴求するために、その内容等について積極的に表示を行う場合には、当該表示の根拠となる情報を確認します。「確認」がなされたといえるかどうかは、表示等の内容、その検証の容易性、当該事業者が払った注意の内容・方法等によって個別具体的に判断されますが、一般消費者が実際に使う場合を想定して、同じ環境下で商品機能性を検証することが重要となります。

4．表示等に関する情報の共有

企業は、その規模等に応じ、確認した情報を、当該表示等に関係

する各組織部門が不当表示等を防止するうえで必要に応じて共有し確認できるようにします。不当表示等は、企画・調達・生産・製造・加工を行う部門と実際に表示等を行う営業・広報部門等との間における情報共有が希薄であること、複数の者による確認が行われていないこと、表示等の作成に自社以外の複数の事業者が関係する場合における関係者間の連携不足・情報共有が希薄であること等により発生する可能性があることに留意します。

5. 表示等を管理するための担当者等

以下の要件を満たす表示等管理担当者を定めます。

(1) 表示等管理担当者が自社の表示等に関して監視・監督権限を有している

(2) 表示等の作成を他の事業者に委ねる場合は、表示等管理担当者が当該他の事業者が作成する表示等に関して指示・確認権限を有している

(3) 表示等管理担当者が複数存在する場合、それぞれの権限又は所掌が明確

(4) 表示等管理担当者となる者が、たとえば、景品表示法の研修を受けるなど、景品表示法に関する一定の知識の習得に努めている

(5) 表示等管理担当者を社内等（表示等の作成を他の事業者に委ねる場合は当該他の事業者も含む）において周知する方法が確立

6. 表示等の根拠となる情報を事後的に確認するための必要な措置

確認した表示等に関する情報を、表示等の対象となる商品または役務が一般消費者に供給されうると合理的に考えられる期間において、事後的に確認できるようにするため、資料の保管等必要な措置を採る、また、表示等の作成を外部委託者に委ねる場合であっても同様の措置を採ります。

7. 不当な表示等が明らかになった場合における迅速かつ適切な対応

特定の商品又は役務に景品表示法違反又はその恐れがある事案が発生した場合、その事案に対処するため、次の措置を講じます。

(1) 当該事案に係る事実関係を迅速かつ正確に確認する
(2) 前記 (1) における事実確認に即して、不当表示等による一般消費者の誤認排除を迅速かつ適正に行う
(3) 再発防止に向けた措置を講じる

●将来の販売価格を比較対照価格とする二重価格表示に対する執行方針[4-19]
【目的】

将来の販売価格を比較対照価格とする二重価格表示について、過去の販売価格を比較対照価格とする二重価格表示との相違等に関する基本的な考え方を示すこと、消費者庁が景品表示法を適用する際の考慮事項等を明らかにすることにより、将来の販売価格を比較対

照価格とする二重価格表示を行おうとする企業の予見可能性を向上させることを目的としています。

【内部統制構築のために実施すること】

　将来の販売価格は、これを比較対照価格とする二重価格表示を行っている時点においては、まだ現実のものとなっていない価格であるため、基本的に行うべきではありません。景表法対応の規程や社内ガイドラインにも反映することが重要です。特に、「現在セール中にて300円、セール終了後は500円」といった、具体的なセールの期間や期限を示さないで将来の販売価格を比較対照価格とする二重価格表示を行っている場合には、優良誤認であることを強く疑われます。

　一方で、合理的な販売計画があれば、将来の販売価格との比較対象価格とする二重価格表示を行うことも可能ですが、そのためには「確実に実施される」販売計画と認められることが必要であり、客観性を厳しく確認されることになります。ただし、地震、台風、水害等の天変地異、感染症の流行等によって、店舗が損壊したり、流通網が寸断されたりするなどにより、結果的に比較対照価格とされた将来の販売価格で販売できなくなった場合には「やむを得ない」と評価される場合もあります。

● 家庭向け医療機器等適正広告・表示ガイド [4-20]

【目的】

　もともとは、家庭用医療機器のなかでも取り扱いの多い家庭用電位治療器および家庭用マッサージ器等の製品における広告に関する不適切事例等がガイドブックとして作成されました。その後内容が

大幅に拡大・刷新され、最新版（ガイドIV）では、家庭用医療機器を製造・販売する企業の広告・表示の検討に役立ちます。

【内部統制構築のために実施すること】

　家庭用医療機器は、使用する人の体に影響を与えるため、専門的な知識を持たない一般消費者に販売するときは、医療機器の有効性、使用方法、注意事項、禁忌行為などの適切な情報を提供することが重要となってきます。

　本ガイドでは、気を付ける表現などの広告上の注意点、計量法や原産国などの医療機器の表示、カタログ・チラシでの表示の留意点を具体的に記載しています。また、血圧計、吸入器、温熱治療器などの商品ごとの具体的な表示の注意点も記載されています。

　まずは、本ガイドに記載されている注意事項、禁忌行為等を適切に理解したうえで、社内規程やガイドラインへの落とし込みを行うこと、規程やガイドラインを従業員や外部委託業者に対して定期的に周知する、または教育プログラムを整備することが、内部統制上必要となります。

●インターネット広告倫理綱領および掲載基準ガイドライン[4-21]
【目的】
「インターネット広告ビジネス活動の環境整備、改善と向上」のために設立された一般社団法人日本インタラクティブ広告協会が、インターネット広告の健全な発展のため、インターネット広告倫理綱領を制定し、さらに、その趣旨に基づき、広告掲載基準を策定する際に参考となる業界標準の指針を作成しました。

　本ガイドラインには、以下の内容が盛り込まれています。

(1) 本ガイドラインと本協会参加各社の広告掲載基準との関係

(2) 媒体社が独自に定める広告掲載基準の広告掲載契約における取り扱い

(3) インターネット広告の定義

(4) 広告掲載後のリンク先の表示内容の変更について

(5) 広告掲載判断と広告内容の責任

(6) 違法な広告、違法な商品等の広告の排除

(7) 反社会的な広告の排除

(8) 表現に制約のある広告の掲載判断

(9) 広告主体者の明示

(10) 広告であることの明示

(11) 法令等で規定された表示内容の記載箇所

(12) 第三者の権利の保護

(13) 新しい広告手法や新しい端末の特性に対する配慮

(14) 掲載判断情報等の共有について

【内部統制構築のために実施すること】

　媒体社が広告主のサービスを利用してインターネット広告を行う際の社内規程やガイドラインを策定する際の行動規範として参考になります。たとえば、以下の事項があります。

・媒体社は、広告掲載にかかる契約を行う際には、媒体社が独自に定める広告掲載基準に適合することを前提とするとともに、広告掲載基準に適合しないと判断した場合は、媒体社の意思で自由に広告掲載を停止する権限を確保する

- 広告主が広告掲載後にリンク先の内容等を変更する場合は、速やかに広告主からその旨の通知を受けることができる体制を整えておく
- 媒体社は、原則として広告内容に対する責任を負わないが、広告内容の真実性に疑念を抱くべき特別の事情があって、広告の受け手に不測の損害を及ぼすことを予見し、又は予見し得た場合には、真実性の調査確認をして虚偽広告を読者に提供してはならない義務があることを認識する
- オリンピックやサッカーワールドカップ、万国博覧会などの国際的なイベントで利用されるマークや印象を利用した表現や、著名なキャラクター、ブランドを想起させる表現、赤十字の標章などその利用に国際的な取り決めがあるものなど、法令や慣習により表現に制約があることを認識する
- 名誉権、プライバシー権、著作権、商標権、肖像権など、第三者の権利については十分尊重するとともに、掲載された広告に対し、権利者から権利侵害である旨を示す合理的な指摘があった場合、広告主が主体となって、その指摘に誠実に対応する

　品質検査データの偽装、燃費数値の改ざんなど日本の製造業における品質不正問題は後を絶ちません。実際に公表されている事案はごく一部と指摘される通り、公表になっていない品質事案も含めると多くの製造業が抱えている問題ではないでしょうか。日本人技術者の技術力低下や技術者倫理の欠如などがいわれていますが、ここではひとつ興味深い実験結果をご紹介しましょう。

　品質不正問題では、上司からの目標必達の命令に対して、「できない」と言うことができずに、道徳心や倫理観を捨てて、良心に反するような命令に服従しているケースが見られます。アメリカの心理学者スタンレー・ミルグラムは、人が人に服従するという行動は、どのような心理プロセスを通じて行われているか、何が動機となるかについて実証的な分析を行いました。

　具体的には、被験者（加害者）がいくつか単語の対を学習者に読み上げた後、対の最初の単語を伝え、つながる単語を学習者（被害者）に回答させます。正解なら何もせず、間違った場合電撃スイッチをいれるという指示を受けます。スイッチの電撃レベルは7段階あり、間違えるたびに強くなっていくというものです。実際には電撃は発生せず、学習者は演技で苦悶の様子を見せるだけでありましたが、被験者にはそれは知らされていません。被験者はどこまで指示者の指示に忠実に従ったのでしょうか。

　多くの被験者（加害者）は、電撃を受ける学習者（被害者）がどんなに懇願しようと、どれだけの苦痛をもたらすように見えようと、指示者に従い最高レベルまで電撃を与え続けました。いくつかの実験パターンがありますが、あるケースでは65％が最大電撃に達するまで学習者を罰し続けたということです。

実験後の考察のために、被験者へインタビューを行ったところ「自発的にはそんなことはしなかっただろう。単に言われた通りにやっただけだ」ということでした。権威構造の中では、従属的な立場に固定された人々は、組織の破綻を招かないように、組織上位者に委ねるという典型的な思考様式があること、それが責任感の消失と、権威への従属という重要な帰結をもたらしました。

　しかしながら、一方ですべての人々が服従したのかというとそうではありません。これ以上電撃を加えることを拒否したものも一定数いたことも事実です。権威に従うのがヒエラルキー組織にとって必然と言いながら、自己の良心と権威との間に葛藤、緊張感が生じ、結果的に人間の良心が勝つ場合があることも示しています。

　品質不正が起こらないように、組織の規律と人間の良心をどのように考慮して内部統制を構築すればよいのか、規範を教育するコンプライアンス研修はどこまで効果があるのか、について考えさせられる実験結果だったように思います。皆さんはどのように感じられましたでしょうか。

第**2**部　ＥＳＧリスクマネジメント——サステナビリティ文脈からあるべきリスクマネジメントを考える

おわりに

　以上で本編は終わりとなりますが、最後に"ESG"と"リスクマネジメント"の2点について補足があります。

　"Sustainability context（サステナブルな文脈）"という言葉があります。これは現役世代だけでなく将来世代のニーズも満たすことができる、持続的に発展が可能な社会を実現するために、国連や関係機関の発行文書を理解し、企業の取り組みに活用し、取り組み内容や結果について情報開示することを指します。

　本書では、ESGの成り立ちや概要から解説したため、ESG起点のリスクマネジメントを解説しましたが、企業におけるサステナビリティの取り組み観点から見ても、同じ文脈で説明できると思います。本書をお読みになったうえで、ESGとサステナビリティとの関係を混同された方もいるかもしれませんが、本書で伝えたい結論は同じであることを、この場を借りて補足させていただきます。

　次に、リスクマネジメントでは「なぜそのリスクに取り組むのか」「なぜこのリスク管理を行うのか」が重要と考えています。内部統制、特に財務報告に関わる内部統制評価であれば、ある程度の"型"が決まっているため、リスクシナリオを厳密に検討する必要性が相対的に低いように思われますが、本書で紹介したESGリスクマネジメントでは、"なぜ"のほうに力点が置かれていることが特徴です。セクター／業種ごとにリスクマネジメントの"型"が多

様に存在するなかで、一般的に想定されるリスクシナリオとリスク管理プロセスを理解し、自社の取り組みと対比して相対評価を行うことが、ESG・サステナビリティ時代におけるリスクマネジメントの本質を理解するための重要な要素なのではないかと考えています。

　最後に、本書にご協力いただいた大日本除虫菊株式会社さま、初めての執筆で自分のさまざまな不手際があったなかで、本書の編集に多大な労力をかけていただいた、編集協力の金子樹実明様、佐藤早菜様、庄子錬様には、厚くお礼申し上げます。また、いつも家庭を支えてくれている妻と、表情豊かに接してくれる子どもたちにもあらためて感謝したいと思います。

2023年9月　木村研悟

おわりに

参照文献

第1部

1 公益社団法人日本国際連合協会著『新わかりやすい国連の活動と世界』、P133

2 Global Compact Network Japan：https://www.ungcjn.org/gcnj/state.html

3 UNEP Finance Initiative, The Materiality of Social, Environmental and Corporate Governance Issues to Equity Pricing,

：https://www.unepfi.org/fileadmin/documents/amwg_materiality_equity_pricing_report_2004.pdf

4 同上

5 GLOBAL SUSTAINABLE INVESTMENT ALLIANCE, GLOBAL SUSTAINABLE INVESTMENT REVIEW 2020

：https://www.gsi-alliance.org/wp-content/uploads/2021/08/GSIR-20201.pdf

6 GCNJ「質問書ガイドブックコミュニケーション・オン・プログレス（CoP）2023年　2月版」、P2

7 損保ジャパン「社会的責任投資(SRI)とエコファンド」

：https://www.env.go.jp/council/02policy/y024-02/mat_06.pdf

8 wbcsd「ビジョン2050：大変革の時日本語版」（プレスリリース）

：https://www.wbcsd.org/Overview/News-Insights/General/News/Release-of-Japanese-version-of-WBCSD-s-Vision-2050-Time-to-Transform

9 University of Pittsburghm CSB WORKING PAPER SERIES Firms and Social Responsibility: A Review ofESG and CSR Research in Corporate Finance

：https://www.sustainablebusiness.pitt.edu/sites/default/files/gillan_koch_starks_2020_-_working_paper_-_csr_review_1.pdf

10 B Lab Global, 2022 Annual Report

：https://infogram.com/1te9x6k1pgzx0lbwo7490melglizo4md81

11 一般財団法人社会変革推進財団「ベネフィットコーポレーション等に関する調査 最終報告書」

：https://www.siif.or.jp/wp-content/uploads/2023/03/PBC_research_final.pdf

12 同上

13 内閣官房「第6回新しい資本主義実現会議 議事要旨」

：https://www.cas.go.jp/jp/seisaku/atarashii_sihonsyugi/kaigi/dai6/gijiyousi.pdf

14 ユーグレナ「定款上の事業目的を、SDGsを反映した内容に全面刷新「Sustainability First」を定款上でも体現」（ニュースリリース）

：https://www.euglena.jp/news/20210805-2/

15 JAPAN EXCHANGE GROUP「ESG情報開示実践セミナー　GPIFのESG投資と情報開示」

：https://www.jpx.co.jp/corporate/sustainability/esgknowledgehub/practical-disclosure-seminar/nlsgeu0000053rw7-att/104.pdf

16 JICPA, Global Sustainability Insights,

：https://jicpa.or.jp/specialized_field/ITI/files/0-0-0-2v1-20211122.pdf

17 藤野大輝著『ESG情報開示の実践ガイドブック』（中央経済社）

18 JAPAN EXCHANGE GROUP「ESG情報開示実践セミナー　GPIFのESG投資と情報開示」

：https://www.jpx.co.jp/corporate/sustainability/esgknowledgehub/practical-disclosure-seminar/nlsgeu0000053rw7-att/104.pdf

19 環境省「環境と開発に関する世界委員会（ブルントラント委員会）報告書1987年　『Our Common Future（邦題：我ら共有の未来）』概要」

：https://www.env.go.jp/council/21kankyo-k/y210-02/ref_04.pdf

20 キリンホールディングス「GRI対照表」

：https://www.kirinholdings.com/jp/investors/esg/guideline/gri/

21 キリンホールディングス「SASB対照表」

：https://www.kirinholdings.com/jp/investors/esg/guideline/sasb/alcohol/

第2部

0-1 金融庁「「財務報告に係る内部統制の評価及び監査の基準並びに財務報告に係る内部統制の評価及び監査に関する実施基準の改訂について（意見書）」の公表について」（報道発表資料）
：https://www.fsa.go.jp/news/r4/sonota/20230407/20230407.html

1-1 大内 穂「腐敗の要因分析と対策における国際協力」
：https://openjicareport.jica.go.jp/pdf/11635950.pdf
1-2「日本語版GRIスタンダード」
：https://www.globalreporting.org/how-to-use-the-gri-standards/gri-standards-japanese-translations/
1-3 エコノミストOnline「贈賄を迫られた部下に「仕方ないな」とつぶやいた取締役の罪とは？＝北島純」
：https://weekly-economist.mainichi.jp/articles/20220719/se1/00m/020/042000c
1-4 日刊工業新聞「【電子版】パナソニック、米当局と300億円で和解　贈賄疑いで子会社調査」
：https://www.nikkan.co.jp/articles/view/00471799
1-5 一般社団法人日本船長協会「IFSMA便りNO.77」
：https://captain.or.jp/?page_id=10615
1-6　同上
1-7 朝日新聞デジタル「医療機器メーカー、値引きで賄賂捻出か　三重大病院汚職」
：https://www.asahi.com/articles/ASP183VZRP17OIPE006.html
1-8 日本経済新聞「山田洋行元専務の実刑確定へ　防衛汚職で上告棄却」
：https://www.nikkei.com/article/DGXNASDG2903H_Z21C11A1CC1000/
1-9 KADOKAWA「KADOKAWAガバナンス検証委員会 調査報告書(要旨)」（ニュースリリース）
：https://group.kadokawa.co.jp/information/media-download/963/b2a0e30683c8ad68/
1-10 レクシスネクシス・ジャパン株式会社「Chief Legal Officer interview report」
：https://www.lexisnexis.jp/__data/assets/pdf_file/0020/405137/20210511_CLOinterview_fix.pdf
1-11 白石忠志著『独禁法講義（第9版）』（有斐閣）
1-12 日本経済新聞「日立など半導体9社、カルテルで制裁金　欧州委」
：https://www.nikkei.com/article/DGXNASDD190BR_Z10C10A5TJ1000/
1-13 公正取引委員会、「2 過去の事例　(1)デジタル・プラットフォームサービスに関する最近の事例」
：https://www.jftc.go.jp/houdou/pressrelease/2022/mar/220316files/220316_3.pdf
1-14 経済産業省「国際カルテル事件における各国競争当局の執行に関する事例調査報告書」
：https://www.meti.go.jp/policy/kyoso_seisaku/downloadfiles/karuteruuuu.pdf
1-15 産経新聞「大手ゼネコン4社一斉捜索へ　特捜部と公取委　独禁法違反容疑」
：https://www.sankei.com/article/20171218-IIMGV6ZXNVIN7MQKTVOLJ2XR5I/

2-1 European Commission, Digital Economy and Society Index 2022（Press corner）
：https://ec.europa.eu/commission/presscorner/detail/en/ip_22_4560
2-2 総務省「情報通信白書平成29年度版」
：https://www.soumu.go.jp/johotsusintokei/whitepaper/ja/h29/html/nc123110.html
2-3 一般財団法人日本情報経済社会推進協会「個人情報保護を越えるプライバシーに関する新たな規制の全体像」
：https://www.jipdec.or.jp/library/itreport/2022itreport_winter01.html
2-4　総務省『情報通信政策研究』第5巻第2号「中国の個人情報保護法とデータ運用に関する法制度の論点」
：https://www.soumu.go.jp/main_content/000800520.pdf
2-5 個人情報保護委員会「個人情報保護委員会の国際戦略」
：https://www.ppc.go.jp/files/pdf/kokusai_senryaku.pdf
2-6 PR TIMES「第70回日経広告賞 大賞に大日本除虫菊」
：https://prtimes.jp/main/html/rd/p/000000389.000011115.html
2-7「日本語版GRIスタンダード」
：https://www.globalreporting.org/how-to-use-the-gri-standards/gri-standards-japanese-translations/

2-8 Data Protection Commission, Data Protection Commission announces conclusion of two inquiries into Meta Ireland

：https://www.dataprotection.ie/en/news-media/data-protection-commission-announces-conclusion-two-inquiries-meta-ireland

2-9 Ｚホールディングス「グローバルなデータガバナンスに関する特別委員会 最終報告書」

：https://www.z-holdings.co.jp/notice/2021/10/da483e6a533c560435dbe6bcbf17ead2.pdf

2-10 Cyber Security.com「2006年に発覚したKDDIでの個人情報漏洩事件についてまとめ」

：https://cybersecurity-jp.com/column/17028

2-11 武州製薬株式会社「不正アクセスによる個人情報等流出の可能性に関するお詫びとご報告」（プレスリリース）

：https://www.bushu-pharma.com/press-release-on-breach/

2-12 NHK「サイバー攻撃受けた大阪の病院 外来診療や緊急以外の手術停止」

：https://www3.nhk.or.jp/news/html/20221101/k10013876941000.html

2-13 日経XTECH「ランサムウエア攻撃に遭った徳島・半田病院、被害後に分かった課題とは」

https://xtech.nikkei.com/atcl/nxt/column/18/01157/041900059/

2-14 Scan Net Security「4台の職員端末が外部との不審な通信、サイバー攻撃を受けた可能性（協会けんぽ）」

：https://s.netsecurity.ne.jp/article/2015/06/19/36674.html

2-15 一般財団法人日本情報経済社会推進協会「【全体版】プライバシーガバナンスに関する調査結果〜アンケート調査 詳細報〜」

：https://www.meti.go.jp/press/2021/03/20220318014/20220318014-2.pdf

2-16 一般財団法人 日本情報経済社会推進協会、「プライバシー影響評価(Privacy Impact Assessment) 〜ISO/IEC29134:2017のJIS化について〜」

：https://www.jipdec.or.jp/archives/publications/J0005163_2

2-17 資生堂「資生堂における「プライバシーガバナンス」の取り組み」

：https://www.meti.go.jp/policy/it_policy/privacy/shiseido.pdf

2-18 NTTドコモ「NTTドコモにおける「データガバナンス」の取り組み〜お客さまに安心いただけるデータ活用に向けて〜」

：https://www.meti.go.jp/policy/it_policy/privacy/docomo_privacy_governance.pdf

2-19 AIネットワーク社会推進会議「AI利活用ガイドライン〜 AI利活用のためのプラクティカルリファレンス〜」

https://www.soumu.go.jp/main_content/000637097.pdf

2-20 公安調査庁「経済安全保障の確保に向けて〜技術・データの流出防止〜」

：https://www.meti.go.jp/policy/anpo/daigaku/seminer/r3/psia.pdf

2-21 CHECK POINT「サイバーセキュリティレポート2022年日本語版」

：https://pages.checkpoint.com/cyber-security-report-2022-japanese.html

2-22 警察庁「令和4年におけるサイバー空間をめぐる脅威の情勢等について」（広報資料）

：https://www.npa.go.jp/publications/statistics/cybersecurity/data/R04_cyber_jousei.pdf

2-23 NordVPN「過去15年間でハッカーに最も狙われた国トップランキング」

：https://nordvpn.com/ja/blog/cyber-attack-incidents/

2-24 小島プレス工業株式会社「システム停止事案調査報告書(第 1 報)

：https://www.kojima-tns.co.jp/wp-content/uploads/2022/03/20220331_システム障害調査報告書（第1報）.pdf

2-25 Cyber Security .com「オムニECシステムが流出、複数企業で被害声明」

：https://cybersecurity-jp.com/news/58428

2-26 株式会社ハーモニック「弊社が運営するカタログギフト販売ECサイト『カタログギフトのハーモニック』への 不正アクセスによる個人情報漏えいに関するお詫びとお知らせ」

：https://www.harmonick.co.jp/sh3/support/info.php?pid=announcement

2-27 井上商事「【スイーツパラダイス　オンラインショップ】不正アクセスによる個人情報漏えいの可能性のあるお客様へのお詫びとお知らせ」

：https://www.sweets-paradise.jp/news/%25news_cat%25/2022/06

2-28 防衛省「三菱電機株式会社に対する不正アクセスによる安全保障上の影響に関する調査結果について」

：https://www.mod.go.jp/j/press/news/2021/12/24c.pdf

2-29 三菱電機「不正アクセスによる個人情報と企業機密の流出可能性について(第4報)」(ニュースリリース)

：https://www.mitsubishielectric.co.jp/news/2021/1224.pdf

2-30 共同通信「大学のサイバー被害89件」

：https://jp.reuters.com/article/idJP2023031301000046

2-31 デロイト トーマツ コンサルティング「デロイト トーマツ コンサルティングでのお客様情報の漏洩について」(ニュースリリース)

：https://www2.deloitte.com/jp/ja/pages/about-deloitte/articles/news-releases/20220616.html

2-32 イオン「デロイト トーマツ コンサルティング合同会社が当社の秘密情報を漏洩した件」

：https://www.aeon.info/wp-content/uploads/news/important/pdf/2022/06/220616R_1_1.pdf

2-33 NRIセキュアテクノロジーズ株式会社「NRIセキュア、日・米・豪の3か国で『企業における情報セキュリティ実態調査2022』を実施」

：https://www.nri-secure.co.jp/news/2022/1213

2-34 日本政策金融公庫「調査月報2 2022 No.161」

：https://www.jfc.go.jp/n/findings/pdf/tyousa_gttupou_2202.pdf

2-35 NRI SECURE「【解説】NIST サイバーセキュリティフレームワークの実践的な使い方」

：https://www.nri-secure.co.jp/blog/nist-cybersecurity-framework

2-36 　東京都産業労働局「情報セキュリティに関する各種フレームワークの概要」

：https://www.cybersecurity.metro.tokyo.lg.jp/security/KnowLedge/435/index.html

2-37 Center for Internet Security, CIS Introduces v2.0 of the CIS Community Defense Model

：https://www.cisecurity.org/insights/blog/cis-introduces-v2-0-of-the-cis-community-defense-model?_fsi=c5T9M3VH

2-38 国際マネジメントシステム認証機構「PCI DSSとは（Payment Card Industry Data Security Standard）」

：https://www.icms.co.jp/pcidss.html

2-39 情報マネジメントシステム認定センター（ISMS-AC）「ISMS適合性評価制度に関する調査報告書」

：https://isms.jp/enquete/2017/report2017.pdf

2-40 独立行政法人情報処理推進機構「重要インフラのサイバーセキュリティを改善するためのフレームワーク」1.1版

：https://www.ipa.go.jp/security/reports/oversea/nist/ug65p90000019cp4-att/000071204.pdf

2-41 国立研究開発法人産業技術総合研究所「産総研の情報システムに対する不正なアクセスに関する報告」

：https://www.aist.go.jp/pdf/aist_j/topics/to2018/to20180720/20180720aist.pdf

2-42 内閣府「Society 5.0」

：https://www8.cao.go.jp/cstp/society5_0/

2-43 　経済産業省「2018年版ものづくり白書」

：https://www.meti.go.jp/report/whitepaper/mono/2018/honbun_pdf/pdf/honbun01_01_03.pdf

2-44 経済産業省「サイバーセキュリティ経営ガイドラインと支援ツール」

：https://www.meti.go.jp/policy/netsecurity/mng_guide.html

2-45 SEC.gov, SEC Adopts Rules on Cybersecurity Risk Management, Strategy, Governance, and Incident Disclosure by Public Companies

：https://www.sec.gov/news/press-release/2023-139

2-46 CRMJ研究会編『サイバーリスクマネジメントの強化書 経団連「サイバーリスクハンドブック」実践の手引き』、PP176-185

2-47 cybereason社 "A GLOBAL STUDY ON RANSOMWARE BUSINESS IMPACT"

：https://www.cybereason.com/ransomware-the-true-cost-to-business-2022

3-1 　CIVICUS MONITOR, PEOPLE POWER UNDER ATTACK2022

https://monitor.civicus.org/globalfindings/

3-2 World Health Organization and International Labour Organization, WHO/ILO Joint Estimates of the Work-related Burden of Disease and Injury, 2000–2016

https://www.ilo.org/wcmsp5/groups/public/---ed_dialogue/---lab_admin/documents/publication/wcms_819788.pdf

3-3 International Labour Organization, Forced Labour: Global Overview

https://flbusiness.network/wp-content/uploads/2021/10/ilo-gbnfl_factsheet_jan2020.pdf

3-4 International Labour Organization「現代奴隷制の世界推計 強制労働と強制結婚」

https://www.ilo.org/wcmsp5/groups/public/---asia/---ro-bangkok/---ilo-tokyo/documents/publication/wcms_856160.pdf

3-5 International Labour Organization, Lloyd's Register Foundation, GALLAP, Experiences of violence and harassment at work: A global first survey

https://www.ilo.org/wcmsp5/groups/public/---dgreports/---dcomm/documents/publication/wcms_863095.pdf

3-6 International Labour Organization, New data shine light on gender gaps in the labour market

https://www.ilo.org/wcmsp5/groups/public/---dgreports/---stat/documents/publication/wcms_870519.pdf

3-7 SDGs media、「企業の人権尊重の重要性｜人権侵害への対応事例と定量的な評価から学ぶ」

https://sdgs.media/blog/15323/

3-8 日本貿易振興機構（ジェトロ）海外調査部 ロサンゼルス事務所「カリフォルニア州 サプライチェーン透明法の概要」

https://www.jetro.go.jp/ext_images/_Reports/01/e386703c87743757/20210027.pdf

3-9 HOYA株式会社、Supply Chain Act

https://hoyaoptics.com/about-us/supply-chain-act/

3-10 WORLD ECONOMIC FORUM, Global Gender Gap Report 2022

https://www3.weforum.org/docs/WEF_GGGR_2022.pdf

3-11 ジェトロ「2022年度 海外進出日系企業実態調査｜全世界編」

https://www.jetro.go.jp/ext_images/_Reports/01/ffa821e80c77b8c3/20220036rev1.pdf

3-12 法務省「「ビジネスと人権」に関する行動計画（2020－2025）について」

https://www.moj.go.jp/JINKEN/jinken04_00105.html

3-13 日本取引所グループ「改訂コーポレートガバナンス・コードの公表」

https://www.jpx.co.jp/news/1020/20210611-01.html

3-14 経済産業省「日本企業のサプライチェーンにおける人権に関する取組状況のアンケート調査結果を公表します」（ニュースリリース）

https://www.meti.go.jp/press/2021/11/20211130001/20211130001.html

3-15 ビジネスと人権に関する行動計画の実施に係る関係府省庁施策推進・連絡会議「責任あるサプライチェーン等における人権尊重のためのガイドライン」

https://www.meti.go.jp/press/2022/09/20220913003/20220913003-a.pdf

3-16「日本版GRIスタンダード」

：https://www.globalreporting.org/how-to-use-the-gri-standards/gri-standards-japanese-translations/

3-17 OSHRC（全国労働安全衛生センター連絡会議）「ILO：労働における有害な化学物質への曝露と結果としての健康影響：グローバルレビュー（2021.5.7）知見の概要：シリカ」

：https://joshrc.net/archives/11287

3-18 国土交通省近畿地方整備局「有資格業者の指名停止措置について」

：https://www.kkr.mlit.go.jp/news/top/press/2022/fv8mc000000013b1-att/20230127-1simeiteisi.pdf

3-19 コベルコ建機「＜お知らせ＞弊社従業員に対する有罪判決について」（にゅースリリース）

：https://www.kobelcocm-global.com/jp/news/2020/200312.html

3-20 厚生労働省「職場のあんぜんサイト　労働災害事例」

：https://anzeninfo.mhlw.go.jp/anzen_pg/SAI_DET.aspx?joho_no=100371

3-21 REUTERS「ホンハイ、中国工場の労働条件調査　アマゾン製品製造」

：https://jp.reuters.com/article/amazon-china-labor-idJPKBN1J7010

3-22 農林水産省食料産業局「第3回 働く人も企業もいきいき食品産業の働き方改革検討会 卸売業・小売業

における 働き方の現状と課題について」

：https://www.maff.go.jp/j/shokusan/kikaku/hatarakikata_shokusan/attach/pdf/03_haifu-4.pdf

3-23 朝日新聞DIGITAL「ローソン本部と元従業員が和解 長時間労働めぐる訴訟」

：https://www.asahi.com/articles/ASP6B5K4KP6BPTIL01F.html

3-24 ワタミ「外部有識者による業務改革検討委員会」の調査報告書の公表について

：https://www.watami.co.jp/pdf/140117houkokusho.pdf

3-25 REUTERS「特別リポート：「スバル」快走の陰で軽視される外国人労働者」

：https://jp.reuters.com/article/special-report-subaru-idJPKCN0Q21H220150728

3-26 日本経済新聞「ヤマト運輸元ドライバー自殺は「労災」 名古屋地裁判決」

：https://www.nikkei.com/article/DGXZQOFD1641M0W0A211C2000000/

3-27 ビジネスと人権に関する行動計画の実施に係る関係府省庁施策推進・連絡会議「責任あるサプライチェーン等における人権尊重のためのガイドライン」

：https://www.meti.go.jp/press/2022/09/20220913003/20220913003-a.pdf

3-28 日本弁護士連合会「人権デュー・ディリジェンスのためのガイダンス（手引）」

：https://www.nichibenren.or.jp/library/ja/opinion/report/data/2015/opinion_150107_2.pdf

3-29 ANA「ANAグループ人権方針」

：https://www.ana.co.jp/group/csr/effort/pdf/humanrights.pdf

3-30 コマツ「人権に関する方針」

：https://komatsu.disclosure.site/ja/themes/192

3-31 LIXIL「LIXILグループ人権方針」

：https://www.lixil.com/jp/about/governance/pdf/Group_Human_Rights_Principle_jp.pdf

3-32 双日株式会社「双日グループ人権方針」

：https://www.sojitz.com/jp/csr/humanrights/

3-33 トッパン「トッパングループ人権方針」

：https://www.toppan.co.jp/about-us/our-corporate-approach/human-rights-policy.html

3-34 ニコン「ニコン人権方針」

：https://www.jp.nikon.com/company/sustainability/society-labor/human-rights/human_rights_policy.pdf

3-34 TOTO「サステナビリティマネジメント 人権の尊重」

：https://jp.toto.com/company/csr/management/rights/

3-35 UNGP「国連指導原則報告フレームワーク 実施要領 日本語版」

：https://www.ungpreporting.org/wp-content/uploads/2017/06/UNGPReportingFramework-Japanese-June2017.pdf

3-36 中外製薬「中外製薬グループ人権への取り組み」

：https://www.chugai-pharm.co.jp/sustainability/humanrights/policy.html

3-37 伊藤忠商事「人権 方針・基本的な考え方」

：https://www.itochu.co.jp/ja/csr/society/human_rights/index.html

3-38 MS&ADホールディングス「人権影響評価」

：https://www.ms-ad-hd.com/ja/csr/community/human_rights/main/03/teaserItems1/02/linkList/0/link/Risk%20Map_ja_2021.pdf

3-39 環境省「バリューチェーンにおける環境デュー・ディリジェンス入門」

：https://www.env.go.jp/press/files/jp/114470.pdf

3-40 OECD「責任ある企業行動のためのOECDデュー・ディリジェンス・ガイダンス」

：https://mneguidelines.oecd.org/OECD-Due-Diligence-Guidance-for-RBC-Japanese.pdf

3-41 ビジネスと人権に関する行動計画の実施に係る関係府省庁施策推進・連絡会議、「責任あるサプライチェーン等における人権尊重のためのガイドライン」

：https://www.meti.go.jp/press/2022/09/20220913003/20220913003-a.pdf

3-42 環境省「バリューチェーンにおける環境デュー・ディリジェンス入門」

：https://www.env.go.jp/press/files/jp/114470.pdf

3-43 中小企業庁、経済産業省「中小M&Aハンドブック」

：https://www.meti.go.jp/press/2020/09/20200904001/20200904001-2.pdf

3-44 経済産業省「外国公務員贈賄防止指針」

：https://www.meti.go.jp/policy/external_economy/zouwai/pdf/GaikokukoumuinzouwaiBoushiShishin20210512.pdf

4-1 OECD, CONSUMER POLICY AT OECD

：https://www.oecd.org/sti/consumer/oecd-consumer-policy-brochure-2022.pdf

4-2 経済産業省「インターネットモールを利用する皆様へ　安全な商品かどうかの確認を忘れずに」

：https://www.meti.go.jp/press/2022/12/20221226001/20221226001.html

4-3 消費者庁「平成30年版消費者白書」

：https://www.caa.go.jp/policies/policy/consumer_research/white_paper/2018/white_paper_231.html

4-4 同上

4-5 同上

4-6　経済産業省「インターネットモールを利用する皆様へ　安全な商品かどうかの確認を忘れずに」

：https://www.meti.go.jp/press/2022/12/20221226001/20221226001.html

4-7　国土交通省「令和3年度リコール届出内容の分析結果について」

：https://www.mlit.go.jp/jidosha/carinf/rcl/common/data/r03recallbunseki.pdf

4-8 「日本語版GRIスタンダード」

：https://www.globalreporting.org/how-to-use-the-gri-standards/gri-standards-japanese-translations/

4-9　日経XTECH「東芝・パナソニック、ノート27万台に発火の恐れ　パナ製電池に不具合」

：https://xtech.nikkei.com/it/atcl/news/16/012800287/

4-10 江崎グリコ「商品回収に関するお詫びとお知らせ」（ニュースリリース）

：https://www.glico.com/jp/newscenter/pressrelease/40485/

4-11 フィリップス「フィリップス社製CPAP装置、ASV装置、人工呼吸器の是正（回収）措置に関するご報告」

：https://www.philips.co.jp/healthcare/e/sleep/communications/src-update

4-12 日本経済新聞「マンション強度不足、高松建設に賠償命令　仙台地裁」

：https://www.nikkei.com/article/DGXLASDG31H23_R30C15A3000000/

4-13 CNET Japan「バッテリー過熱の危険あり−京セラの携帯電話、米国でリコール」

：https://japan.cnet.com/article/20063905/

4-14 日本経済新聞「タカタ、民事再生法適用を申請　負債総額3800億円」

：https://www.nikkei.com/article/DGXLASDZ23I9L_W7A620C1MM0000/

4-15 NHKアーカイブス、「牛肉偽装事件」

：https://www2.nhk.or.jp/archives/movies/?id=D0009030311_00000

4-16 日本経済新聞、「大幸薬品「クレベリン」表示に課徴金6億円　過去最高額」

：https://www.nikkei.com/article/DGXZQOUE1089B0Q3A410C2000000/

4-17 Wellness Daily News、「消費者庁VS大幸薬品（9）　高裁の軍配は消費者庁も、大幸の主張を一部認める」

：https://wellness-news.co.jp/posts/消費者庁vs大幸薬品（9）%E3%80%80高裁の軍配は消費者庁/

4-18 消費者庁「事業者が講ずべき景品類の提供及び表示の管理上の措置についての指針」

：https://www.caa.go.jp/notice/assets/representation_cms216_220629_04.pdf

4-19 消費者庁「将来の販売価格を比較対照価格とする二重価格表示に対する執行方針」

：https://www.caa.go.jp/policies/policy/representation/fair_labeling/guideline/assets/representation_cms216_201225_01.pdf

4-20 一般社団法人日本ホームヘルス機器協会「家庭向け医療機器等適正広告・表示ガイド」

：https://www.hapi.or.jp/documentation/information/tekiseikoukoku_hyouji_guide_4.pdf

4-21 日本インタラクティブ広告協会、「インターネット広告倫理綱領及び掲載基準ガイドライン」

：https://www.jiaa.org/wp-content/uploads/2019/11/JIAA_rinrikoryo_keisaikijun.pdf

装丁　　城 匡史
DTP　　荒 好見＋西原康広
編集協力　ブランクエスト

［著者略歴］

木村研悟（きむら・けんご）

2003年同志社大学経済学部卒業、2008年公認会計士登録。KPMGあずさ監査法人での会計監査、財務デューデリジェンス、リスクコンサルティング、上場会社でのリスク管理実務を経た後に独立。現在は、会計士コンサルタントとして、内部統制、情報セキュリティ、経理財務PMI等のプロジェクト支援、上場会社のリスク管理・コンプライアンスに関する業務支援を行う。GRI認定サステナビリティ・プロフェッショナル、情報セキュリティマネジメント資格を保有。

．．．

あわせて学ぶ
ESG×リスクマネジメント

2023年10月21日　初版発行

著　者	木村研悟
発行者	小早川幸一郎
発　行	株式会社クロスメディア・パブリッシング 〒151-0051 東京都渋谷区千駄ヶ谷4-20-3 東栄神宮外苑ビル https://www.cm-publishing.co.jp ◎本の内容に関するお問い合わせ先：TEL(03)5413-3140／FAX(03)5413-3141
発　売	株式会社インプレス 〒101-0051 東京都千代田区神田神保町一丁目105番地 ◎乱丁本・落丁本などのお問い合わせ先：FAX(03)6837-5023 service@impress.co.jp ※古書店で購入されたものについてはお取り替えできません
印刷・製本	株式会社シナノ